学校という場で人はどう生きているのか

浜田寿美男
小沢 牧子
佐々木 賢 編著

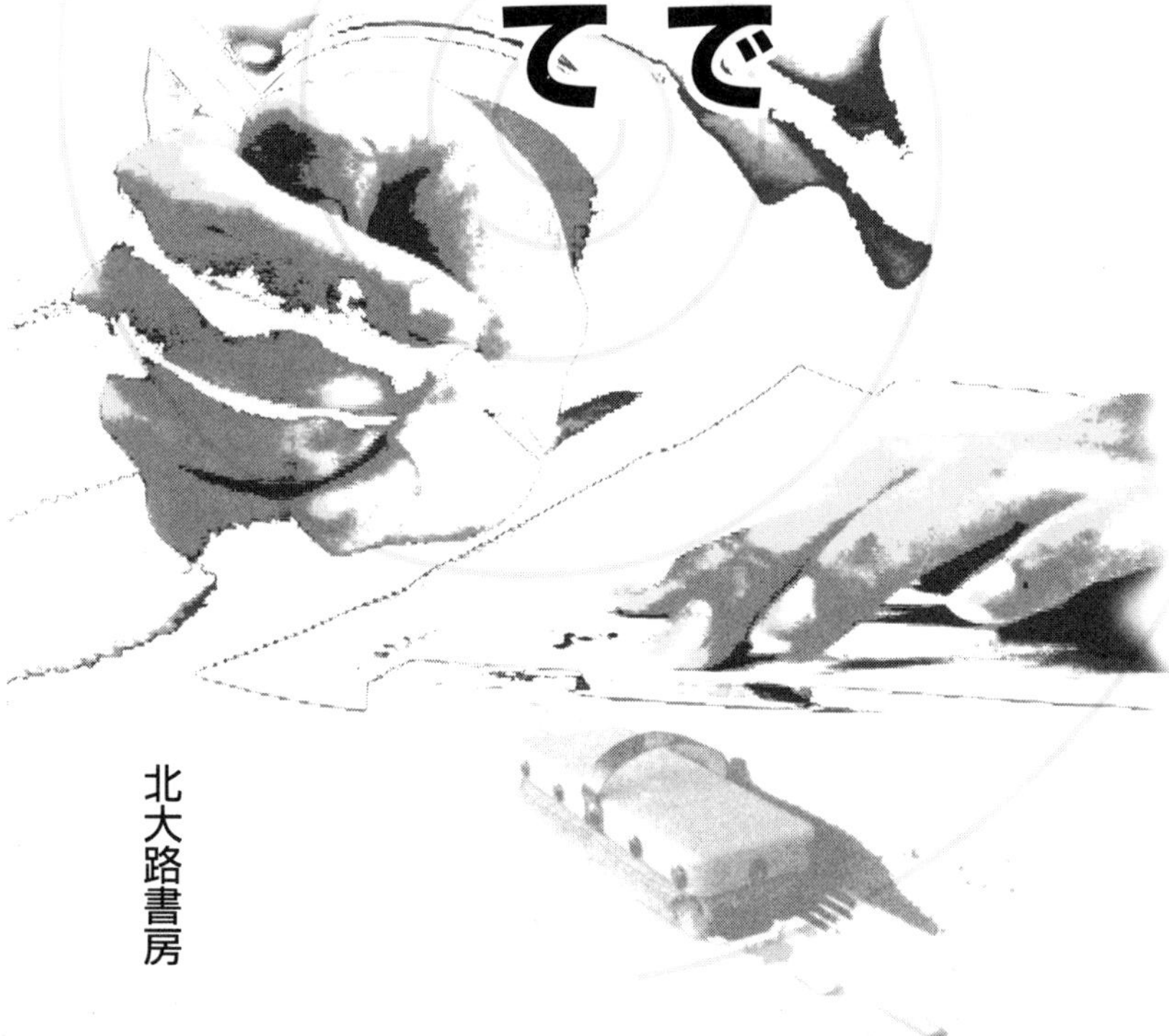

北大路書房

もくじ

第Ⅱ部　学校のそとで生きる子どもたち――変動のなかの学校と社会

第Ⅲ部　学校のなかの教師たち

はじめに

私が小学校、中学校、高校という学校年代を過ごしたのは、一九五〇年代から六〇年代にかけてのことである。この時代に学校生活を送った者たちにとって、「学校」という言葉には、何か牧歌的で、なつかしい響きがある。

記憶のなかの学校を思い描けば、……陽のあたる校舎のたたずまい、校庭を囲む木立に木陰、風に舞う砂ぼこり、ひんやり湿気のこもった校舎の裏庭、リノリウムを塗った廊下のにおい、教室の掲示板に少してかった黒板、ざらざらした机の感触、教室で聞く運動場のざわめき……、そうした情景がほとんど体感といっていいような感覚をともなって立ち上がってくる。学校での日々の生活はそれだけ身のうちに染み込んでいるのだろう。

いまの子どもたちももちろん、かつての私たちと同じように、多くの時間を学校で過ごしている。子どもたちにとって、そこは家庭についで大きな「生活の場」なのである。そうだとすれば、八〇年代、九〇年代に学校生活を送った者たちにとっても、やはり学校はなんらかのなつかしさをまとって思い出されるはずだし、おそらくそれは、いま学校に通っている子どもたちにとっても変わりはあるまい。

しかし、学校が子どもたちにとって生活の場であるということはいまも昔も変わらないにしても、その生活の内実となると両者の落差はあまりに大きい。実際、かつて多くの子どもたちはおとなたちと同様に立派に生活者だった。しかしいま日本の子どもたちはおよそ「生活者」という言葉が似合わない。いや、それはおとなたちにしても同じかもしれない。ここ数十年で、それだけ生活のかたちが変わってきたのである。

そのなかで学校もまたその姿を変えてきた。現に、今日ほど頻繁に学校が「問題」として登場することはかつてなかった。いまはもう、学校時代を振り返ってただなつかしいとは言えない人たちが増えているのかもしれない。いったい学校の何が変わったのか。あるいは何が変わっていないのか。私たちはいま、そのことを白紙から考え直さなければならないところに来ている。

●学校をめぐる議論

昨今、学校や子どもをめぐる議論がかまびすしい。しかし、それがどこまでいまの学校状況、あるいは子ども状況を正確に言いあてたものになっているかとなると、少々あやしい。

なるほど、いま子どもたちが置かれている状況は厳しい。不登校の子どもたちは年々増加し、学校内ではしばしば深刻ないじめが起こり、ここ数年は学級崩壊が全国的な広がりを見せるようになった。あるいは高校進学率はほとんど一〇〇%に達しようというのに、そこからの中退者がまた急増している。学校で学ぶことを期待されているはずの子どもたちが、「学びから逃走している」といわれ、現にまた十年前、二十年前のデータと比較したとき、学力が確実に低下していると指摘されている。列挙すればきりがないが、総体としていえば「学校の教育力」そのものが低下しているということになる。

他方で、子どもたちを囲む家庭や地域についても、その「家庭の教育力」「地域の教育力」が低下し、子どもの生活の基盤が大きく揺らいでいるようにみえる。実際、児童虐待の頻発に象徴的にみられるように、家庭を安心のできる居場所にできない子どもたちすら少なくない。それに地域もまた、子どもたちの活動を受けとめる場を十分にそなえてはいない。

これらはいずれも重大な問題である。いや現に重大な問題として、新聞・テレビをはじめとするマスコミでくり返し取り上げられ、教育関係者のあいだで、また教育研究者や教育評論家を称する人々のあいだで種々の議論がさかんに交わされている。しかしそれらの議論の多くが、私たちにはどうもしっくりこない。

ある人たちは「学校の教育力」を直接的に高めようと声を上げる。基礎学力をおろそかにせず、生きる力を高めようといい、個々の能力に応じ、個性に応じた教育を進めようという。あるいは学校のなかで道徳教育を徹底しようという議論もある。また教師の資質を上げるべく、問題の教師を摘発し、再教育を行ない、さらには学校から締め出す算段までなされている。「家庭の教育力」「地域の教育力」についても、家庭に向けてはしつけを、地域では奉仕を徹底させようとの声が小さくない。しかしそこでいう「教育力」とは何なのであろうか。子どもにかかわるおとなたちが、これまでにも増して必死に「教育」に励んだとして、それを子どもたちはどのように受けとめることになるのだろうか。

またある人たちは、問題の根を子どもたちの変化に求める。たとえば、いまの子どもたちは何でも自分の思うままに与えられ、甘やかされてきたがゆえに、自制心や忍耐力を学ぶことがなかったのではないか、また情報過多の世界にさらされて、注意力、集中力が育っていないのではないか、あるいは子どもに限らず若い親たちもまた、自らの欲望のままにふるまって、子育てそのものが十分になされていないのではないか、そういった議論がさまざまにゆきかう。そして自制心、忍耐力、注意力、集中力を高めると称して管理・指導を強め、子どもたちへの統制を徹底しようとする動きが目立つ。

●生活の場としての学校

たしかに、いずれの議論を取り上げても、それぞれに指摘された側面がなんらかのかたちで存在することは否定できない。しかしそうして学校の教育力を高め、指導・統制力を強めても、そうそうたやすく問題がかたづくとは思えない。教師の問題、親の問題、子どもたちの問題をあげつらい、その原因探しに躍起になり、あれこれの対策をひねりだす以前に、まずは子どもたちが生きている現実世界のありようをより正確につかむことが必要なのではないのだろうか。それだけ学校を取り囲む社会のありようは変化している。

学校は、〈教える〉立場の教師たちと、〈学ぶ〉立場の子どもたちが、一年の大半にわたって、日々六時間前後の時間をともにする場として位置づけられ、またそういう機能をもつものとして営まれてきた。そして個々の子どもたちにとって、その学校年代が少なくとも義務教育の九年間、高校まで含めれば十二年間続く。思えば、子どもたちは〈学校〉というところでじつに膨大な時間を過ごしているのである。このことはいまも昔も変わらない。

学校が子どもたちにとって、それだけ膨大な時間を費やす場であるとすれば、それは何よりもまず生活の場所だと考えなければならない。問題はその生活の場の内実なのである。ところが私たちは「学校は勉強の場である」とか「学校は人間形成の場である」とかいったお題目のもとに、学校を「子どもたちの生活の場」としてとらえる素朴な見方をどこかに置き忘れて、そのために問題の根を見失ってはこなかっただろうか。そうした思いで学校の場を見直してみれば、そこには単なる原因探しや問題対策とは異なる多くの問いが立ち上がってくる。

そもそも子どもたちは、学校という生活世界のなかで教師とどのように出会い、どのような関係を生きているのか。また子どもたちは子どもどうしどのように出会い、そこにどのような関係をつくり上げているのか。あるいは教師たちは、子どもたちとのかかわりをどのようなものとして受けとめ、教師集団として互いにどのような関係を生きているのか。

さらにはこの学校が息苦しくなって、そこからはみ出す子どもたちがいる。彼らはその生活世界をどのようなものとして生きているのか。学校のそとにどのような関係の場を求めているのか。

そして学校からはみ出すことを選んだ子どもたちも、そうでない子どもたちも、いずれは学校年代を終える時がくる。その時彼らは学校の先にどのような世界を展望しえているのか。

いずれも、あらためて定式化するまでもないごく素朴な問題ばかりである。しかし残念ながら、私たちはこの基本的な問題について、これまで十分に考えをめぐらしてきたとはいえない。

◎学校の場の新たなパラダイムを求めて

私たちが、こうした問題群にあらためて焦点をあてて、議論を試みようと考えてきたのは、日本教職員組合のシンクタンクである「国民教育文化総合研究所」が組織した「学校システムをめぐる人と人との関係論」研究委員会（二〇〇〇〜二〇〇一年）がきっかけである。この委員会は、学校が社会のなかで一定のシステムとして機能している現実を見据えたうえで、その学校をさまざまな人間がかかわり合う場として位置づけ、そのなかで生きる「人と人との関係論」を新たな視点からとらえ直してみようという、思えばまことに壮大な企画のもとに始まった。

もっとも現実は二年足らずという短い期間であったし、もとより私たちの力量は限られたものでしかない。そこから得られた成果はさして大きいものとはいえない。しかしそれでも問題の大きさだけははっきりつかめたような気がする。実際、二年間の研究会の成果を小さな報告書にまとめたあとに、盛り込めない議論がいくつも残った。そこで、いまの学校問題をこの視点からあらためて再考し、一書にまとめて公刊できないだろうかという話になったのが、本書のきっかけである。

思えば前世紀のはじめ、工業社会の悲惨が見えはじめた時代にあって、デューイは『学校と社会』（宮原誠一訳、岩波文庫）を書いて、学校の営みを生活のなかに根づかせようと試み、それが当時の学校教育の一つの理念となった。その後、彼の理念がどこまで実を結んだかはともかく、それが時代をリードしたことは確かである。しかしいま私たちは、それに比類するどのような理念をもちうるのであろうか。残念ながら、私たちはそれを明確にはとらえていない。ただ学校にまつわるもろもろの問題に、人どうしの関係の視点から、つまりコミュニケーションの視点から迫る必要があるのではないかということだけは直感している。

よかれあしかれいまは情報化と消費化の時代である。学校をめぐっても、その情報化・消費化の流れが抗しがたく子どもたちの生活をおおっている。私たちがここでコミュニケーションの視点から、あらためて学校システムのなかの人間関係を見つめ直し、学校の問題を新たな視点のもとにとらえ直さなければならないと考えたのは、こうした時代背景のうえのことである。

学校のなかで展開される子どもと教師の関係、あるいは子どもどうしの関係、また教師どうしの関係が、いまどのような状況にあるのか、またその学校そのものが社会のなかでどのような位置を占めさせられているのか。まずはそのことを明らかにせねばならない。そして、そのことを明らかにするなかで、教育システムとしての学校のなかにいま最も求められているのは、「勉強」や「しつけ」を軸にして、子どもたちの育ちを統制（コントロール）する関係ではなく、人と人とが学校という場で共に生き（共生あるいは共居）、「生活」の内実を共有するという生活的な関係ではないのかということが、一つの方向性として見えてくるはずである。

学校というシステムを長く支配してきた管理・統制的なパラダイムを抜け出て、私たちはいま新たに、「共生」ないし「共居」的なパラダイムを求めなければならないところにきているのではないだろうか。こうした発想は、個体の能力を軸に効率を競い、この市場経済社会で生き抜くことを求められる今日の時代には逆行するようにみえるかもしれない。しかしそのまさに同じ理由で、それは時代の最も深い要請であるともいえる。

本書は、このような思いを込めて構想されたものである。

大きく三部に分けて、第Ⅰ部では「学校のなか」でいま何が起こっているのかを、子どもと教師の関係、そして子どもどうしの関係に焦点をあてて考えてみる。今日学校をめぐって起きている問題の根を、私たちはどこに見いだせばよいのか。またその問題を越える新たな関係の芽をどのあたりに求めればよいのか。せめてその見当づけができればというのが、ここでの私たちの期待である。

ついで第Ⅱ部では、「学校のそと」で子どもたちがどのような社会を生きているのか、またあえて学校をはみ出した子どもたちが学校のそとでどのような場を求めているのかを考える。いま多くの子どもたちが、フリースクールなどでいろいろな関係の場をつくりだしている。「学校のそと」で積み上げられてきたそのさまざまな試みのなかには、私たちがこれから「学校のなか」で新たな関係を生み出すうえでヒントとなる発想が、いくつも含まれているようにみえる。学校を閉じた空間とするのではなく、学校のうちとそとをつなげる新たな道筋を見つけることができればというのが、ここでの私たちの願いである。

そして最後の第Ⅲ部では、あらためて学校のなかに視点を移して、教師たちの問題を取り上げる。学校の教師たちはいま、もしかすれば子どもたち以上に厳しい状況に置かれているかもしれない。子どもたちとかかわるおとなたちが、元気な姿で子どもたちの前に登場し、その〈生きるかたち〉をともに見せ合うのでなければ、それこそ学校の将来は暗い。そのためにも私たちは新たな学校像、新たな教師像を模索することが求められている。将来の展望は現状のシビアな分析のうえにはじめて開かれるもの。現状が暗いとすれば、その暗さをしっかり見つめるなかからしか、事は始まらないことを確認しておきたい。

私たちに与えられた課題はあまりに大きく、他方、いま私たちにできることは限られている。そのことを承知のうえで、本書が、学校という場の新たなパラダイムを求めていくささやかな一歩になることができれば、ひとまず私たちの思いは達せられたことになる。

第I部

いま学校のなかで起こっていること

私たちのほとんどは、その多感な子ども時代の十数年を学校で過ごした経験をもつ。そしてその私たちのもとに子どもが生まれたとき、その子どもたちがまた十数年の学校年代を生き、その間、私たちは親として学校という体験をふたたび味わう。いや読者のなかに教師を職業とする者がいるとすれば、これにさらに数十年の学校体験を重ねることになる。こうしてくり返しくり返し学校体験を積み上げるなかで、〈学校〉はまるで空気のようにあたりまえのものになって、私たちの生活をくるんでしまう。

第I部で最初に行なう作業は、その〈学校〉からいったん離れて、そこで行なわれていることが子どもたちにとって何であるのか、教師たちにとって何であるのかを見つめ直してみるということである。思えば学校は、社会の公的システムとして始まって、まだたかだか百三十年の歴史をもつにすぎない。その学校があちこちにほころびを見せはじめているいま、私たちは、空気のように私たちをつつんできたものの本体を、あらためてじっくりと眺めてみることが求められているのである。

学校という制度のもとで子どもたちが学ぶことの意味を問い、教師がその制度のなかで子どもたちとかかわることの意味を問い、子どもとおとなが共居する場としての学校空間の意味を問うことで、これからの学校のパラダイム変換の下地を整えたいというのが、ここでの私たちのもくろみである。

第1章　学校は子どもたちにとってどういう場所としてあるのか

1　学ぶことの意味と「学力」

子どもたちは学校で、何よりまず「学ぶ」ことを求められている。それゆえ最初に考えなければならないのは、この「学ぶ」ということが子どもたちにとって、どのような意味の営みになっているかである。

子どもたちはやがておとなになる。その過程で多くの力を身につけていく。それがいわゆる「学ぶ」ことだとすれば、この「学び」こそは人間が生きていくうえで最も基本的な営みである。実際、人間は歴史のなかでその営みをくり返し、よかれあしかれ、今日の高度な文明を生み出してきた。そして科学技術が未曾有の進歩を刻んでいるこの現代社会においては、子どもたちがおとなになってこの社会で生きていくために、これまでにもまして膨大な量の技能と知識が必要になってくる。学校はそれを組織的に子どもたちに伝えるために生まれたものであった。学校というシステムの誕生は、いわば近代社会のなかにその必然性をもつといってよい。

それゆえ「学ぶ」ことが学校生活の基本になることについては、おそらく誰にも異論はない。しかし一方で学校は、今日の社会のなかで、子どもたちがそこを通過して卒業資格を得るという制度的システムとして機能している。子どもたちは学校という「制度のはしご」を上ることではじめて、社会のなかで一定の位置を得ることができるのであり、また現に子どもたちはそのことを自覚せざるをえない。

これは言ってみればあたりまえのことである。しかしこのあたりまえの現実のなかに、ある大きなズレが忍び込んでくる。このことをここでまず「学力」の問題にからめて考えてみたい。そこに「学ぶ」ことの意味にかかわるズレが集約的に現われてくるようにみえるからである。

「学力」に傷つくということ

たとえば、昨今、「学力低下」がしきりに叫ばれている。しかし私自身はどうも実感がない。実感がないという以上に、「学力低下」を云々することで、その「低下」以前の「学力」状況が健全であったかのような安易な前提にくみしたくないとの思いが強い。それゆえここで私は、現実のデータに基づいて実際に「学力低下」の事実があるかどうかとか、その実態はどうかとかいったことを論じようというのではない。そうしたことを論じる以前のところで、まず私たちの周囲で「学力」といわれているものが何なのかを問わなければならない。そのことをぬきにして学力低下の現実を議論してもむなしいと思うからである。

「学力低下」と呼ばれる問題について、科学の最先端を担う研究者養成の現場ならば、その実相はともあれ、それを深刻な問題として論じなければならない気持ちになるのもわからなくはない。しかし少なくとも私はそのような現場にはいない。そこで私自身が日々つきあっている学生たちのことを念頭に置きながら、この問題を考えてみたい。

私は過去二十六年間にわたって福祉教育にかかわる大学に勤めてきた。そこでの教学の理念は、障害者や高齢者、あるいは生活困窮者など、生活の根の部分に苦難を抱えたさまざまな人々を支える感性を育て、福祉の世界で活躍できるだけの実践力をつけることにある。そうして実践的な実務者養成を主眼としているとはいえ、ここでももちろん「学び」の意味は問われるのだが、ただ受験的な意味でのいわゆる「学力」の高低はさして問題にならない。私なりにあえていえば、現実の問題を柔軟にとらえる感性と、その問題を自分なりに論理的に考えすすめ、その考えの道筋を言葉で正確に伝える表現力、それを現実化する実践力さえあれば、それで十分という気がする。

むしろ困るのは、多くの学生たちが高校までのところで、「学力」をいつもテストの成績で測られて、そのことによって深い挫折と劣等感を植えつけられてしまっているという現実である。実際、私が勤めてきた大学は、偏差値レベルでいえば、かなり低い位置にある。それだけならば別にかまいはしない。しかし問題は、そのことだけですでに多くの学生がひどく傷つけられていて、そこから立ち直って、自分なりの一歩を踏み出すまでにかなりの期間を要するということである。

高校生たちは一般に、受験に際して、当の大学がどのような大学なのか、そこでどのような教育や活動を行なっているのかについて、大学の宣伝パンフレット以上の具体的な情報をもたないままに、もっぱら自分の「学力」の範囲のなかで大学選びをする。その際、彼らが目安にするのは、なんのかのいってもやはり自分の偏差値レベルである。自分の偏差値レベルと大学のそれとを見比べたうえで、受験する大学を一定程度絞り込み、そのうえでいくつか複数の大学に通れば、そのなかで「偏差値が最も高い大学に入学を決める」ということになるし、いくつか受けた他の大学に失敗して、ここしか引っ掛からなかったということになれば、浪人の余地がない限り「この大学に行くしかない」というかたちでやむなく入学してくる。こういう状況だから、大学の側が個性的な大学教育を用意しようとの意気に燃えても、実際にこの偏差値レベルの壁を突き破るのは容易でない。それが大学選択の一般的な姿なのである。

このように大学がどれほど個性的な教育を志していても、その情報は受験生にストレートに伝わることなく、結局のところ「学力」偏差値が大学を輪切りにして、この大学ランクの意識が学生たちを支配する。そのために学生たち自身、どのランクの大学に自分がいるかでもって奇妙な優越感に浸ったり、しつこい劣等感にとらわれて、そこからなかなか抜けられなかったりする。「学力」でのしあがる学生がいる一方で、「学力」に傷つき、打ちのめされる学生もいるのである。それは大学にとっても学生自身にとっても、まことに困った、みじめな状況である。

こういう言い方をすれば、人が生きていくうえでは競争は避けがたいのであって、キレイごとでは話はすまないとの反論が返ってくるかもしれない。それはたしかに一理ある議論である。しかし問題は、そこでいう「学力」がはたしてどこまで競争に値するものかという点にある。

◎偏差値化される「学力」

偏差値については、ことあらためていうまでもなく、これまでにもさんざん批判されてきた。しかしいくら批判されても、一向にその勢力を弱めることなく、子どもたちを、そして親たち、教師たちを支配しつづけてきた。それはなぜなのだろうか。学校で論じられている「学力」問題は、この点をはずして考えることはできない。

「学力」はどうして偏差値化されてきたのだろうか。個々の子どもたちの成績を広い範囲のなかで偏差値化するためには、その成績を共通の基準でもって測ることができなければならない。つまり偏差値なるものが広く子どもたちをおおうについては、「学力」を客観的に測ることのできるなんらかの実体のごとくに思う心性が、まず必要となる。現に、いまでは全国どの大学もほとんど同質の試験問題を受験生に課して、それでもって学生たちを比較している。でなければ、今日のような偏差値化はそもそもできなかったはずであるし、また偏差値による合否予測なども不可能だったはずである。裏返していえば、もし各大学でまったくベースを異にする独自性の強い試験を行なっていれば、共通の尺度で偏差値を打ち出すことなどできない。

ふり返ってみれば、四十年ほど前までは、大学進学を意識したそれぞれの高校内部で、目標の大学の就学試験を模した模擬試験を行なっていたにとどまる。ところがこの模擬試験がやがて、かなり広範囲の地域をおおう統一テストへと発展し、そこではじめて受験生がそれを一定の合否予想の手がかりにできるようになった。そして同時に、これが大学のランクづけとして機能するようになった。それまでも東大や京大を中心に各大学について、あそこはやさしいとか、ここは難しいとかいった難易のイメージはあったが、一つひとつの大学を個々に細々と切り分ける大学ランクが生まれたのは、全国レベルの予備校が統一模擬試験を行なうようになってからであるし、それに拍車をかけたのが国家レベルでの共通一次試験であり、現在のセンター試験である。

このように偏差値化が進行したについては、「学力」は客観的に測れて、すべての子どもたちを一つの尺度のうえに並べることができるという前提がある。しかしそれははたして、そのまま鵜呑みにしてよい前提なのだろうか。むしろ時代が強要した一種の錯覚、あるいはただの思い込みではないのか。そもそもそこでいう「学力」とはいったい何なのか。

◎学力をめぐる倒錯

学制が始まって今日までの百三十年のあいだ、学校のありようはいろいろ変化してきた。しかしそこで行なわれてきた教育の構図そのものは基本的に変わっていない。つまり、まず〈教えるべき何か〉があらかじめあって、それを教師が子どもたちに教え伝える。この基本構図に変化はない。またそのこと自体はおよそ疑うことのできない当然のことと思われている。

ここでいう〈教えるべき何か〉の中身は、もちろん時代によって変化してきた。時代ごとに思想状況は異なり、科学技術のレベルも大きく発展しているのであるから、それは変化して当然なのだが、いずれにしてもそれぞれの時代において、子どもたちが将来おとなになった時に必要だと思われている能力や知識、技能が想定され、それが学校で〈教えるべき何か〉として考えられてきたことに変わりはない。そしてこの将来おとなになった時に役立つはずの何かを、小学校、中学校、高校の各学年に適当に配分し、教育内容を構成する。それを明示したものが、それぞれの学習指導要領であり、その具体的な実現形態が教科書だった。

あえて図式化するとすれば、学校の営みは次の図1―1のようなかたちでイメージされている。〈教える〉べきことがまず大前提としてあって、これが教科書として子どもたちに提示され、教師たちは子どもたちがこれをより効率的に〈学ぶ〉よう、その手立てを工夫する。また教師は、子どもたちが学ぶべきことを十分に学んだかどうかを確かめるために試験を行ない、それによって達成度を評価して、次のステップの教授＝学習につなげていく。そうしたサイクルをくり返し、その成果を積み上げて

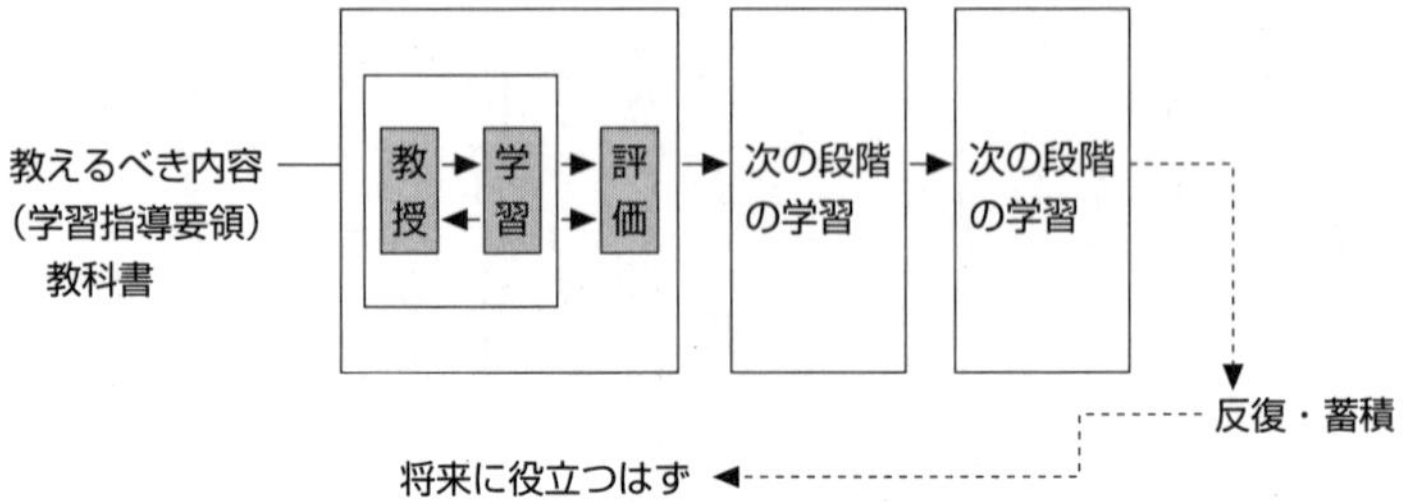

図1−1　学校教育の構図

いくことで、子どもたちが大きくなって社会に出た時、それまでに得てきた学習成果が役立つはずだというわけである。ここで子どもたちの〈学び〉をリードするのは、あくまでおとなである教師の側の〈教える〉という行為である。

このように〈教えるべき何か〉があらかじめあるからこそ、その習得度を測るテストが可能になり、それが全国斉一であれば共通尺度のうえでの偏差値の算出も可能になる。ここで「学力」は競うことのできるものとなる。そして現に、結局のところ「学力」の多寡を競って、より高いランクの高校へ、また大学へと多くの子どもたちがなびいていく受験世界がつくりだされてしまった。その流れがいかに強固なものであるかは、この競争主義への歯止めをかけようとして行なわれてきた過去の教育改革がいずれも失敗したことによって、はっきりと示されてきた。

教育改革はなぜ成功しないのか

古くは受験競争が始まった一九六〇年代に、東大合格者を大量に出す高校がいくつかの都立高校にかたより、高校入試での競争が激化してきたことに対して、東京都が学校群制度を導入したということがあった。しかしその結果は、受験生の公立高校離れをうながし、私立高校へと受験生が流れ、ひいては私立中学受験が増加するという今日の流れを生み出しただけであった。

また一九八〇年代に公立学校で「ゆとり教育」が強調されるようになった時も、そのことによって塾産業がますます隆盛し、私立への流れがさらに強化された。その後バブルがはじけて、その流れはいったん下火になったかにみえたが、二〇〇二年に始まる今回の新学習指導要領においても、学校五日制が完全実施され、教科内容が三割削減されるとの計画が示されるや、ふたたび私学志向が高まる気配を強めているというし、塾などの教育産業がさらに勢力を強めることが予想されている。

あるいはもっと直接的に偏差値を進路指導から締め出した埼玉県の試みなども、結果としては中学生たちを高校進学塾に導いただけで、学校から偏差値が表向き消えたものの、実質的には偏差値による進路指導が塾のほうに代替されるに終わった。

このように競争主義的な進学状況に歯止めをかけようとする施策は、ことごとく裏目に出たというのが実態だったといわざるをえない。「学力」の多寡が競われ、その上下が子どもたちの意識を支配し、あるいは親たちの意識を支配する。一つには、そこに学歴や学校歴の上下によって卒業後の就職が左右され、ひいてはそれによって生活の豊かさが決まるという、将来への思いが働いていることは間違いない。しかしそれだけではない。むしろ受験文化が子どもたちをおおうなかでは、上位のランクの学校を受験し、合格し、「学力」という尺度上の自分の地位を確認することで、将来のではなく、たったいまの自分について自尊の感情を保持できる。そこのところにこそ、子どもたちを「学力」競争に駆り立てる心的契機があることを看過できない。

それにしても、そこで競われる「学力」とは何なのであろうか。単刀直入にいって、それはただひたすらテストで測られる「学力」をどれだけもっているかということであって、その力を現実の自分たちの生活のなかにどれだけどう使ったかは問題にならない。そこに決定的な倒錯が働いていることを、本当は誰もが知っている。しかしそのうえで、誰もがあえてそこから目をそらして、その問題性をまともに見ようとしない。

将来役立つべき何かを学んでいるつもりでありながら、じつのところ将来は将来。学んでいる当座には、その力が身についているかいないかしか問題にならない。そしてそれを試す節目の入試が終われば、当の「学力」の大半は用済みとなって、店ざらしにされ、やがて忘れ去られていく運命にある。そういうなかで一部の「学力」優秀な者たちが悦に入り、その他の多くは大なり小なり傷つき、さらにはすっかり「学力」競争を放棄し、学ぶ場そのものから背を向けていく者すら少なくない。これが実際の姿である。

こうしてみれば問題の核は、この「学力」の低下そのものではなく、学力低下の背後にあってそれを突き動かしているものが何かという点である。

◎学ぶことの制度的意味

おとなたちが将来に意味をもつはずのことを子どもたちに教え、これを子どもたちが学んで、のちの生活のなかで使い生かしていく。教育の構図はそういうものとして、子どもたちの将来に向けて組まれてきた。しかしそこにはある決定的な錯誤が食い込む。

将来に意味をもつはずの大事なことを教えているのだから、その教えたことが身についたかどうかを、そのつどチェックしようとの思いでテストが行なわれる。それはそれで当然のことのようにみえる。しかしそのテストがいったん教育制度の流れのなかで定着すると、子どもたちにとっては、学んだことが身についたかどうかをテストで発揮することのみが目的となって、その目的を達成しさえすれば、そのあとは問わなくてもいいかのような思いに押し込められてしまう。つまりそこで「学力」がひとり歩きを始め、それ自体を比較し、すべての子どもたちをその尺度のうえで偏差値化し、比較できるかのように思わされていく。そうなったとき「学力」はもはや実質的に生活のなかで使うという意味を失って、もっぱら学校教育制度のはしごをどれだけ効率的に、またどれだけ高くまで上るかという制度的な意味にすりかえられてしまう。

これまで教育の構図は「子どもたちは将来のためにいま力をつけ、力を蓄えて、やがてその力で生きていく」という素朴な発達観のもとで組まれてきた。この未来志向の発達観は一見あたりまえのようにみえて、現実には「子どもたちもまたいまを生きている」というごく当然の生活観を看過する結果を生み出してきた。それでも、貧困のうえに子どもたちが生活にどうしようもなく縛りつけられていた時代は、よかれあしかれ、これまで見たような錯誤が生まれてくる余地は小さかった。なにしろ学校制度のはしごを伝って上の学校に進学することがごく一部の子どもたちに限られていて、一般の子どもたちの生活文化にまで入り込むことはなかったからである。

しかし子どもたちが生活の労苦から解放され、学校の制度のはしごを上ることが生活展望となるにつれて、そこに錯誤の根がはびこりはじめる。子どもたちの「学力」が、たったいまこの生活のなかで使われ生かされるというより、あくまで将来どこかで使われるはずの力として、生活から浮いたかたちで評価され、そのことによって学ぶことの意味は変質したのである。

ただここで誤解のないように断っておかなければならないが、ここでこのように述べてきたからといって、子どもたちが学校で学ぶことを求められている学習内容が無意味なものだといいたいのではない。

実際、今日の情報社会において、文字の読み書きも、論理・数学的な思考も、あるいは現代社会についての知識も、すべてこの社会を生きていくためには必須のことである。問題は、そのようにして学んだことを生活のなかに実質的に生かすことを横において、それが「学力」として切り離され、ただひたすらその蓄積が求められている現実にある。

学んで得た力が、将来のためではなく、たったいまの子どもたちの生活世界にどのような意味をもつのか、また子どもたちにとって実質的に意味をもつ生活世界が学校という場にどこまで実現しえているのか。この点の再考なくして「学力」問題はけっしてかたづかない。学校を単に学ぶ場としてではなく、子どもたちの生活の場として組み換える、そうした原点に立ち戻っての議論を広げなければならないと考えるのは、ここに理由がある。

2　学校のなかのコミュニケーション

さて、学校の最も基本的な営みである「学び」のなかに深刻な錯誤が入り込んでいるとき、その「学び」を軸に立てたはずの子どもたちの生活集団にも、問題が及んでこないはずはない。ここで考えなければならないのは「学級」という名の生活集団の問題である。ここ最近、マスコミで「学級崩壊」がしばしば話題にされている。それも、まだ経験の浅い若い先生がクラスの子どもたちをまとめきれないというのではない。むしろすでにベテランの域に達しているといってよい経験豊かな先生のクラスにすら、その崩壊の波は押し寄せているというのである。これはいったいどういう現象なのだろうか。

「学級」という生活集団

私自身は、学校現場に直接入り込んで調査研究している立場にはいない。それゆえ、マスコミでしきりに取り沙汰されるこの「学級崩壊」現象が、本当のところいまどこまでの広がりをもっているのか、十年前、二十年前に比べて、数がどれほど増え、その度合いがどれほど深刻化しているのか、その客観的なデータをもってはいない。実際をいえば、こうした現象は世間で騒がれるようになってはじめてデータ化されることが一般的であるために、それ以前の昔のそれと正確な比較ができないことが多い。

もちろん私は、だからといって、この問題がたいしたものでないとか、いずれ沈静化するだろうと楽観しているわけではない。知り合いの教師たちと話していても、昔に比べて、授業そのものを成り立たせることが格段に難しくなったという話をよく聞く。その主観的な印象がどこまで現実を正しく反映しているかはともかくとしても、教師たちがいま子どもたちとのかかわりに大いに悩んでいる事実は否定できない。

つい先頃も、知り合いの女性教師から、授業中子どもにハンマーで殴られかけた話を聞いた。彼女はつい勢いで、やれるものならやってみろと言ってしまって、あとから冷や汗の流れる思いを味わったという。二〇〇〇年に栃木県の黒磯中学校で、生徒の言動を注意した教師がナイフで刺されるという事件があって世間を騒がしたが、そうした事件はけっして例外的なものでないのだ。

日教組・教育政策調整室が発表した「教職員の悩み調査」報告書を見ても、「現在あなたが子どもたちに接する際に感じている悩みを一つだけ聞かせてください」との質問に、「子どもが変わった」との悩みを寄せた教師が二二一七人の回答者中八二一人（三七・〇％）、「子どもがわからなくなって、かかわりがもちにくい」との悩みを寄せた教師が八九〇人（四〇・一％）に達したという。二つの回答に重複するものがいくらかあると思われるが、それでも全体の四分の三がこの種の回答をしているのである。同じような調査を十年前、二十年前にやっていたとすればどういう結果が出たかはわからないが、いずれにしてもこれ自体が、ほとんど異常というべき数値である。

こうしてみたとき、たしかにいまは教師と子どもとのあいだの関係が厳しくなり、人と人との「自然なつきあい」が難しくなっていると思われるケースがずいぶんと多い。その事実は否定できない。しかし一方で、では昔は教師と子どもとのあいだに「自然なつきあい」があったのかというと、必ずしもそうはいえない。

私が子どもだった四十年ほど昔のことを考えてみる。なるほどそのころ学校はいまよりずっと牧歌的だった。やんちゃな子はいたけれども、総じて平穏だったし、授業中は私語すらほとんどなく、子どもたち自身が私語は許されないものと思っていた（もちろんだからといって私語をしないわけではなかったのだが）。いやそれは昔に限るまい。いまでも教師と子どものかかわりが平穏に進行している学校は少なくない。そこには時に感動的な出会いすらある。しかし、そのことを認めたうえで、これは「自然なつきあい」なのだろうか、またかつてのそれもまた「自然なつきあい」といえるものだったのだろうかと思うのである。

●苦い思い出

こうして書いてきて、ふと思い出す苦々しい記憶がある。

小学校を卒業する時のことである。私は同級生のN君と一緒に、ほとんど一月をかけて金銀の千羽鶴を折った。担任の先生に、お礼の意味を込めて贈ろうと二人で決めたのである。そして卒業式の日、式典が一通り終わってのち、私たちは大きな箱に入れた千羽鶴をこっそり先生に手渡した。どこでどのようにして渡したものか、もう具体的な記憶はない。ただ箱を開け、なかの千羽鶴を取り出したとたんに、先生はワッと泣きだして、しばらく涙をとめることができなかった、その場面はよく覚えている。先生はちょうどその年に定年を迎え、私たちが長い教師生活最後の卒業生だった。

これだけならば感動的な美談だったかもしれない。しかし私は先生の涙を見て、どうしてこんなことをしてしまったのだろうかと後悔した。

私はいい子だった。まじめだったし成績もよかった。はっきりいって先生に気に入られていた。いやもっといえばひいきにされていた。しかし私はそれが嫌だった。嫌だったけれども嫌といえず、それを受け入れていた。はためにもひいきのきつい先生だった。それに相当の自慢屋で、前の学校で教えていた古い教え子たちの話をしきりにしては、○○君は超一流の○○大に入っただの、△△君は△△大を卒業して一流企業の△△社に勤めているだの言う。私はそれを羨望しつつも、その自慢話が耐えがたかった。厳しく熱心な先生ではあったが、私は好きになれなかった。

それなのに私は卒業式の日、あえて先生の感動を呼んでしまうようなことをしてしまった。先生の涙を見てはじめて、私は自分を嫌悪した。好きでもないのに権威にただ迎合して、美談を演じた自分に気づいたのである。

奇妙に屈折した心理ではある。しかし十二、三歳にもなれば、これくらいの屈折はごくあたりまえのことなのかもしれない。思い起こしてみれば、誰もが教師とのあいだでそうしたエピソードの一つや二つはもっているのではないか。平穏で、周囲からは教師と生徒の心が通じ合っているかにみえる学校の場面の背後で、単純に「自然なつきあい」などとはいえないズレやきしみが起こっているものなのである。

◎教師と子どもの関係の構図は昔もいまも変わらない

昔は教師と子どもとのあいだに「自然なつきあい」が成り立っていた、しかしいまはそれが難しくなった、だからそれをなんとか回復しようという、そういう話ではおそらくない。むしろいまも昔も、教師と子どもの関係の構図そのものは変わらない。ただその関係の構図を囲む社会状況が大きく変化し、この構図のもつ意味を変質させてしまったと考えたほうがよいのではなかろうか。

実際、時に学校に出かけていって授業を見せてもらうと、なんと変わっていないのだろうかと思うことのほうが多い。いわゆる先進的な取り組みをしているところはおくとして、たいていは教師が教え、子どもが学ぶ。その〈教え—学ぶ〉関係に大きな変化はない。あえて図式化をおそれずにいえば、教えるべき知識や技能を蓄えた教師が、未熟で無知な子どもたちにその知識・技能を注入すべく教育する。そこには上から下へと流れる一種の上下関係が厳然としてある。教師と子どもとの関係の軸たる授業がこういうものであるとすれば、これをはたして「自然なつきあい」といっていいものかどうか。私にはやはり抵抗がある。

その同じ意味で、私が子どもだった頃の学校にも、教師とのあいだに「自然なつきあい」があったなどと、簡単にはいえない。にもかかわらず私たちは、その三、四十年前の学校時代のことを平穏で牧歌的なイメージで想い起こす。そしてついそこには「自然なつきあい」があったかのように思ったりもする。なぜなのだろうか。一つには、私たちのノスタルジーが過去を美しくしているのかもしれない。しかしおそらくそれだけではない。

教師と子どもとの関係の構図そのものは変わっていないにしても、その関係の構図を囲む状況の側は大きく変化した。この点について今昔を比較して考えてみよう。

学校のもつ権威と権力の逆説

今昔の比較をするといっても、ここで想定しているのは戦後のことである。とりわけ一九五〇年代から六〇年代の前半までのところを「昔」としてイメージしているものと思ってもらえばよい。

そのころまで学校は情報の中心として知的な権威を帯びていた。たいていの家庭で、本らしい本といえば子どもが学校でもらってくる教科書くらいしかないのが一般だった。新聞やラジオの普及率にも限りがあったし、ましてテレビなどは一九六四年の東京オリンピックあたりからやっと一般家庭に浸透しはじめたもの。それ以前となると学校から発信される情報が、子どもにとっても地域の人たちにとっても最先端だったのである。学校には知の宝庫たる図書館があり、そこには子どもの目からみて膨大な量の本がひしめいていた。それに学校で教える先生たちは親たちよりはるかに高い学歴をもった知識人で、学校で教えられる知識は、上から下りてくる、それだけで尊いものとして子どもたちの側から受容されてきた。

ところが、いま学校はかつてのこの知的権威を失ってしまっている。学校に行って授業を受けなければ知りようのない知識などいまはほとんどないし、そこでしか身につかないような技能もまずない。実際、考えてみれば、かつて家の手伝いなどで学校へ行けなかった子どもたちは、文字を学ぶ機会を失って、いわゆる非識字者にならざるをえなかったのに対して、いま不登校の子どもたちの大半は文字の読み書きに不自由していないし、学校に行っている子どもたちと遜色ない知識・情報を得ている。また学校に欠かさず行っている子どもたちにしても、塾に頻繁に通って、学校よりはるかに早い速度で学習を進め、学校ではかえって退屈していたりする。

では、学校は子どもたちにとってどうでもいいものになっているかというと、そうではない。現に、不登校の子どもたちが増えているとはいえ、まだ大半の子どもたちは学校に日々通っている。それもそのはず、子どもたちは小、中、高、大という学校制度のはしごを上っていくことではじめて、安定した将来が保障されていると思い込んでいるし、またいまの社会はそのように仕組まれている。その結果として、学校でどのような成績をおさめ、また学校から次の学校に上がるときに課せられる入学試験でどれだけの成績を上げられるかが、子どもたちの大きな関心事になる。学校は知的権威を失ったかもしれないけれども、このなかでなお子どもたちにとっては自分の将来を決める一種の権力装置として機能しているのである。

その点でいえば、かつての学校はその権力性がむしろいまより弱かった。いわゆる立身出世を望む一部のエリートは別として、多くの子どもたちにとって高校がせいぜいで、それ以上のはしごを上る必要はなかったし、そうしたいと思ってもそれを親たちから封じられることが多かった。大学進学を希望する子どもに対して親が「百姓に学問はいらん」というのは、いわば当時のステレオタイプでさえあった。いや現に、学校の成績がよかろうが悪かろうが、学校を出たあとの生活に違いはなかった。そうした状況のなかで、学校の成績は相対的な意味しかなかった。もちろん成績がよければうれしくはあったが、それはそれだけのことで、それ以上の意味はない。進学というところにつながらない限り、成績のよしあしは、かけっこの速い遅いとたいして変わりはしない。

こうしてみると学校をめぐる状況の今昔の変化には、奇妙な逆説があることに気づく。つまり昔、学校は地域における知的権威ではあったが、子どもたちを縛る権力性は弱かった。それに対して、いまは学校が知的権威を失ったにもかかわらず、子どもたちを縛るその権力性は逆に増している。もとよりそこに働いているのは、戦前戦中のようなむきだしの権力装置ではない。それは直接的な権力性というより、人々を制度の網の目にからめとるようにして働く間接的な権力性である。このなかにおかれて人は、制度の輪に自らを押し込まなければ将来の生活の安定がはかれないかのような気分に包まれてしまう。それは一見自発性を大切にした非権力的な装置に見える。しかしその権力性たるやむきだしのそれと大差はない。

◎状況のなかの子ども

さて、学校に知的権威があってその権力性がまだ弱いなかでは、上から下への知の流れが違和感なく受け入れられる。教師と子どもが知的な権威を尊重する共通の土俵のうえにあって、子どもたちは教師を上に見ることになんら疑問を感じることはないし、教師が多少横暴で抑圧的であっても子どもたちはたいてい、不満ながらにそれを受け入れる。私が子どもだった頃、子どもと教師たちとの関係が、牧歌的で、「自然」に見えていたのは、こうした状況的な背景があったからではないか。

しかし逆に学校の知的権威が落ちて制度的な権力性が強く迫るようになったとき、教師と子どもたちとのあいだにはどういうことが起こるであろうか。子どもたちの目には、学校でしか学べないことが見えない。いや学校で学ぶことのほとんどは新聞やテレビや一般書物のなかに、むしろ学校よりわかりやすく、より詳しく載っているし（実際はそうでなくとも、子どもたちにはそう見える）、あるいはまったく同一の内容を塾で早々に学んでいたりする。学校でなければということが見えないのである。かといって学校へ行かないことを選ぶことは許されないという雰囲気がこの社会にある。学校という制度のはしごをはみ出したのでは、自分の将来が見えない。そのことを誰もが肌身に感じて知っている。誰も直接的に権力をふるって強引に登校させ、学級に縛りつけているのではない。にもかかわらずそこからドロップアウトすることができない。そうした隠然たる力が、子どもたちのまわりに働いている。

一方、学校のそとに目を向ければ、子どもたちの周辺は欲求をそそるさまざまな商品が取り囲んでいる。しかも本人がよほど努力しなければ手に入らないものではない。お金さえあれば容易に手に入り、すぐに手軽に楽しめるものが身の回りにあふれているのである。それをがまんせねばならない理由が、子どもたちにはみえない。

子どもたちはおそらくそうした心的状況を直接意識してはいないかもしれない。しかし社会的状況としてこういうなかに追い込まれていることは間違いない。そしてそうした状況を抱えて、彼らは学校に通い、教室に入り、机に座っているのである。そう考えたとき、いま全国の学校を襲っている「学級崩壊」的現象の根の深さがみえてこようというものである。

学校というところをめぐってここに描いた構図は、やや極端なものである。それは、いまの子どもたちの状況をよりわかりやすく描くためにあえて選んだ、便宜的な戯画だと思っていただいてもよい。実際、学校の知的権威はおそらくここにいうほど落ちていないし、学校の制度的権力性はここに描いたほど強く子どもたちを襲ってはいないかもしれない。それに、いまも多くの子どもたちがそこそこ学校生活を楽しんでいる事実を、私とて知らないわけではない。ただ、こうして極端化して描くことで、個々の突出的な現象をよりよく理解できてくる。

こうしてみてきたとき、いまは以前に比べて、教師と子どもたちとのあいだに「自然なつきあい」が成り立つことがさらに難しくなっていることが確認できる。もともと学校のなかでは「自然なつきあい」が成り立ちにくい構図があった。ただ以前は学校の知的権威が信じられていたために、その困難さがいまのようなかたちで関係の破綻として露呈することが少なかったにすぎない。それがいま、学校は知的権威を失い、関係の破綻が表に露出しやすくなっているのである。

◎授業のなかのコミュニケーション

ここで問題を、広く教師と子どもとのコミュニケーションという目でみておく必要がある。先に述べたように、学校の基本構図はいまもなお、「教えるべき知識や技能を蓄えた教師が、未熟で無知な子どもたちにその知識・技能を注入すべく教育する」というところにある。もちろん、このこと自体がおかしいといいたいのではない。この世を長く生きてきたおとなと、まだ人生を始めたばかりの子どもとのあいだに、知識においても技能においても落差があるのは当然で、教師が前の世代を生きてきたおととして、次の世代を生きるべき子どもたちに、知識や技能を伝えていく。そのことそのものはごく自然なことである。

問題はその知識や技能が子どもたちの生活を離れて、ひたすら学校制度のはしごを上る手段として使われるところから始まる。このことはくり返し述べてきたことである。実際、知識や技能の伝授が生活を離れて、それ自体で問われるようになったとき、教室のなかでの教師と子どもたちとのあいだのコミュニケーションは、しばしば非常に奇妙なものになってしまう。

たとえば社会科で日本の国土を取り上げ、都道府県やその県庁所在地を教えるとしよう。そこで教師が子どもたちに「静岡県の県庁所在地は静岡市ですね。そんなふうに県名と県庁所在地の都市名が一致するところもありますが、これが違うところもありますね。たとえばどんなところがありますか」と聞く。すると子どもたちが考えて手を上げ、ある子どもは「神奈川県」と答える。そこで教師がさらに「神奈川県の県庁所在地は？」と聞いて、子どもが「横浜市」……といった具合にやりとりが進行する。

あるいは国語の時間に教師が黒板に「烏賊」という字を書いて、これは「何と読むのでしょうか」と聞いたとする。しかし子どもたちは誰も知らない。そこで教師が「海にいるもの」というヒントを与える。すると一人の子どもが「先生、イカですか？」と言う。それを聞いて教師は「そうそう、よく知っていたね」と答える。

子どもたちに知識を教え、また子どもたちにその知識の有無を確かめるというのは、教室のなかではきわめて日常的なこと。それは、いずれも一つのコミュニケーションではある。しかし一方でこれが知識のための知識の授受や確認となってしまう危険性もある。そうなったとき教師と子どものコミュニケーションは歪みをはらみはじめる。

コミュニケーションとは何か

この「コミュニケーションの歪み」がどういうものであるかを指摘するためには、そもそも日常の自然なコミュニケーションがどういうものであるかについて、簡単にでも議論しておかなければならない。でなければ、ここで私が言おうとしている学校的コミュニケーションの現象的な特異性を明らかにできない。

一言でコミュニケーションといっても、表情とか身振りとか、人の思いがおのずとその身体のかたちに表われて、互いがそれを読み取る（あるいは読み損ねる）といった身体的コミュニケーションもあれば、言葉を用いて互いに情報をやりとりするという言語的コミュニケーションもある。学校のなかでの人どうしのコミュニケーションとして、このいずれの側面も重要で、それぞれ考察に値することではあるのだが、ここでは当面、言語的コミュニケーションに限定して考えることにする。

私たちが他者と言葉をやりとりするとき、そこでどういうことが行なわれているのかを、まずは素朴な現象論としてみてみる。人はそれぞれその身体の内側から自分の世界を生きている。そしてこの自分が生きている世界に関しては、無意識の部分があるにせよ、大半を自らの意識のなかに収めている。ところが相手がどういう世界を生きているのかについては、見えないところが圧倒的に大きい。情報という言葉を使うとすれば、人は互いにそれぞれの情報空間をもっているのだが、それぞれが別々の身体をもって生きている以上、互いの情報空間のあいだには見えない部分が大きく広がっている。

たとえば自分は知っているけれども相手は知らないことがあり、逆に自分は知らないけれども相手は知っていることがある。つまり両方をつき合わせてみたときには、そこに互いの情報空間の空白がそれぞれに存在する。そのうえで互いが生活を共有しているのでなければ、別にその相互の空白部分はそのまま埋める必要もないのだが、ひとたび生活を共有するということになると、その空白部分を埋めあうという努力ぬきには共同の生活が成り立たない。言葉によるコミュニケーションというのは、そのようにして互いの情報空間の空白部分を埋め合うことで、共有の情報空間を広げ、共有の生活世界を広げようとする働きにほかならない。

簡単な例をあげれば、妻が二、三日、家をあけて出張にでかけ、帰ってきたとする。そのあいだ家にいた私は、もちろん出張先で妻がどんなことを体験したかを知らない。その部分は私にとって情報空間の空白となっている。たとえば妻は私に「きのうは出張ついでに○○へ行って、すっかり観光したわ……」などと言う。これによって私は、それまで空白だった妻の体験の一コマを情報として聞き知り、その空白部分を埋める。あるいはその妻の話を受けて、私が「○○はどうだった。いい所だった？」などと聞き返す。そうして人にものを尋ねるということは、自分のなかの情報空間の空白をさらにもう一つ埋めるべく、相手に情報を求めることである。逆にまた私は、妻が家にいなかったあいだ、家でこんなことがあった、あんなことがあったと伝え、それによって相手の情報空間の空白を埋めようとする。

こんなふうに、共に生活を生き合う者どうしが、自分が知っていて相手が知らないと思うことを伝え、逆に自分は知らないが相手は知っていると思うことを尋ねる。そのようにして互いの情報空間の空白を埋め合い、共有の情報空間を広げる行為がコミュニケーションなのである（もちろんそこには嘘という現象もある。つまり相手の情報空間の空白を、実際とは違ったふうに埋め合わせて、偽るのである）。

知っていることを尋ねる

コミュニケーションをこういうものだと考えれば、人が相手に向けて言葉を発するのは、通常、自分が知っていて、相手が知らないと思うことを伝える、あるいは自分は知らないけれども、相手は知っているのではないかと思うことを尋ねるというふうなものであるはずである。ところが、コミュニケーションのいわば常識をこのようなものとして描いたとき、先にあげた授業での教師と子どもとのコミュニケーションが、へたをすればその本来のかたちからずれてしまうことに気づく。

実際、教師が「神奈川県の県庁所在地は？」と聞いたとき、それは自分のなかの情報の空白を埋めようという行為ではない。なにしろ教師はすでにそれが「横浜市」だということを知っている。あるいは「烏賊」と字を書いて子どもに「何と読むのか？」と尋ねたとき、教師の側では当然それが「イカ」であることを知っているのである。

教室のそとの日常空間であれば、ごく素朴には、知っていることをなぜ質問するのかと言われるのがオチであろう。他方、これに答える子どもにしても、教師の情報空間の空白を埋めるべく答えるのではない。子どもは教師がその答えを知っていることを、重々承知していて、ただその答えを当てようとしているだけだからである。そこには言葉で教師に伝えようという思いはこもらない。

平たく言えば、このとき教師は言葉の真の意味で「尋ねている」のではなく、ただ子どもを「試している」のであり、子どもは言葉の真の意味で「伝えようとしている」のではなく、ただ「当てようとしている」のでしかない。〈試す―当てる〉というかたちが、〈尋ねる―伝える〉というかたちとコミュニケーションとしてどれほど異質であるか、そして前者の〈試す―当てる〉的なやりとりがコミュニケーションとしてどれほど貧困なものであるかは、少し想像力をめぐらせれば容易にわかる。

教室場面でのこうしたやりとり関係もまた、一種のコミュニケーションとしてありうることを、私自身否定するつもりはない。現に知識をより多くもつ教師が、子どもの認識状況を確かめ、次に何を教えるべきかを考えるには、こうした質問そのものが必要なこともある。しかしいずれにせよ、それそのものがコミュニケーションとしてはやはり貧困なものでしかないことに変わりはない。

こうした種類のコミュニケーションは、そもそも学校的制度空間の土壌に生まれ、またそこで固定化してきたのではなかったか。人為的な授業空間において「発問」と呼ばれる一種の技術が必要であることを認めたうえで、それがやはり、人どうし互いの情報空間の共有をとおして生活世界の共有を図るためのものでないことを、はっきりみておかなければなるまい。教室の場はしばしば、この貧困なコミュニケーションを子どもたちに、そして教師自身にも強いる。そしてそれが子どもたちの心性に、また教師たちの心性に、おかしな影響力を及ぼしてはいまいか。

◎ディベート授業の怪

学校的コミュニケーションのいびつさは、いわゆる知識の領域だけに限らず、教師が子どもたちの意見を求めるときにも現われる。知識については、教師が知っていることを質問するということのいびつさが比較的見えやすい。しかし意見については、子どもが口を開いて具体的にそれを述べるまでは、教師の側にはわからないはずである。その意味で子どもの意見発表について、前記のような歪みが出ることはないかのようにみえるかもしれない。ところが現実には、意見発表の聞き手たる教師は、同時にその意見の評価者として登場する。そのとき、子どもたちは意識的に、あるいは無意識裏にその教師がその場で期待している意見（答え）に近づこうとする。それゆえ子どもたちが教師の前で述べる意見は、往々にして、心底自分の内側からわき出てきた意見ではない。

いわゆるディベート方式の授業で、嫌な光景を見ることがある。互いが議論をぶつけ合う体裁をとりつつも、子どもたちの多くは審判者としてそこに立ち会っている教師を意識し、いわば教師を横目に見ながら発言する。それは子どもどうしの生身の情報空間のぶつけ合いではない。事実上の支配者の前で、傀儡《かいらい》どうしが当の支配者を気遣いながら意見を述べ合う、そうした光景が現出してしまう。

そこでの真の聞き手は、黙ってそこに立ち会っている教師であって、ディベートしている相手ではない。ディベートしている子どもたちは、いわばみんな話し手で、ディベートの輪の中に聞き手はいない。現に子どもたちは発言への強迫にとらわれて（実際、一度は発言するなどということが暗黙のルールになっていることが多い）、他の子どもたちの言うことをしっかり聞きとる姿勢がほとんどうかがえなかったりする。

真の議論というものがあるとすれば、自分の言いたいこと、伝えたいことを、相手がしっかり受けとめてくれたかどうか、そこに発言者の関心は向かうはずである。しかしそうした議論を学級という場でみることは少ない。ホームルームで自分たちの学校生活にかかわる話し合いをするときでさえも、教師の意見を気にしながら、建前でものを言ってしまうことがどれほど多いか。そういう場面を見るたび、学校という場では「言葉が死んでしまう」と思ってしまう。

●コミュニケーションスタイルの組み替えを

〈試す—当てる〉的なやりとりも、ただのクイズとして行なわれるのなら、互いに対等な立場で、おもしろおかしく遊べるかもしれない。しかし授業や試験の場でのそれはもちろん遊びではない。教師が〈試し〉、子どもが〈当てる〉のである。そしてこの種のやりとりが成立するためには、知は上から下へ流れるという権威関係が信じられていなければならない。子どもが教師に聞かれて答えるとき、それは教師も知らないはずの自分の思いを伝えるためではなく、教師の知っている答えを当てることが目的になる。あるいは伝えるということがあるとすれば、「自分は答えを知っているのだ」ということを伝える（デモンストレイトする）ものでしかない。それは相手の権威を認めてはじめて成り立つ行為である。こんな貧困なつきあいはない。

こんなふうにいえば、〈試す—当てる〉的なやりとりは単なる知識を教え込むような教育スタイルの悪弊であって、自分たちはそんな貧困な授業はやっていないという教師も多いだろうと思うし、そうした努力をおしまず勤めている教師たちを私もたくさん知っている。しかしそれでも教室のコミュニケーションにおいて、子どもが本当の意味で教師に、また仲間に、自分の思いや考えを伝え、あるいは相手の思いや考えを聞くことができているのかと振り返ってみて、大丈夫といえる人がどれだけいるであろうか。

いまの「学級崩壊」現象の背景的要因の少なくとも一つは、学校の知的権威が崩れて、旧来からの〈試す—当てる〉的なコミュニケーションスタイルが教室のなかで維持できなくなったことにあるのではないかと、私は思っている。そして同時に、そのこと自体は自然でまっとうなことではないかとも思う。

いま必要なのは、ノスタルジックにかつての牧歌的な〈つきあい〉を懐かしんで、それを回復することではない。むしろそれは破綻するべくして破綻しつつあるのだと思い切ったほうがよい。いま求められているのは回復や復旧ではなく、教室の場のコミュニケーションスタイルの組み替えなのである。

ここまで書いてきて、結論がなお抽象的にすぎるといわれるかもしれない。しかしそれはある意味でやむをえない。なにしろ単なる回復ではなく、新たに何かを起こそうというのである。もし具体的にというのなら、

●教師は自分の知っていることを、子どもに聞いてはならない

●教師は自分の知っていること、また自分が正しいと思っている考えを、子どもに当てさせてはならない

とでも言っておこう。実際、これを実行しようとすればただちにこれまでの自分の授業の言葉を組み替えねばならないことに気づくはずである。

基本的にいって、人は他者のことを知らない。教師も子どもも、もちろん互いに他者どうしである。

そこに成り立つコミュニケーションがどういうものであるかが、両者の〈自然なつきあい〉の要となる。しかしその種の反省を、これまで教育学も心理学もまともにはやってこなかったのではないか。

学校の場をこれまで牛耳っていた〈試す―当てる〉言葉を突き破って、教室のなかで子どもたちが粗野であれ、自分自身の言葉をぶつけはじめたとき、私たちはただ彼らをしつければすむというものではない。むしろいまこそ、私たちを包んできた学校言葉への再考を迫られているのだと思い直さなければならないのではないだろうか。

3　関係の構図の反転を求めて

わが国の学校状況は、戦後、いくつかの節目をへて大きく変わってきた。学校のなかで行なわれていることそのものは、構図として大きく変化はないにしても、学校を囲む状況は大きく変わった。それに応じて学校のなかでの子どもたちのありようも変化してきた。これまで述べてきた問題も、この学校状況の変化、そこでの子どもたちのありようの変化を背景として露呈してきたものと考えざるをえない。では私たちは、この先にどのような学校の姿を展望すればいいのだろうか。

時代というもの

今日、学校をめぐって議論されている問題の多くは、一九七〇年代の半ばあたりに端を発している。高度経済成長がいったん頓挫したこの時期、しかしすでに商品経済が人々の生活の大半をおおい、人々は自分の暮らす生活圏が生活史のなかで次々と流動していくことを前提として生きるようになった。学校年代の子どもたちは自分の将来を給与生活者として思い描くほかには、これを具体的にイメージできなくなっていた。そしてこの時代をおおった商品経済は、人々の欲望をかき立てると同時に、人々に不安をあおることになる。おまけにそれまで〈生きるかたち〉を伝える生活空間として機能していた家庭や地域が、その働きをさらに大きく失って、消費や娯楽を除く生活の内容を、親と子が共有するのが難しくなった。

また高校進学率が一〇〇%に近くなって、ほとんどすべての子どもが学校という場を、将来の生活を保証する学歴のはしごとしてイメージする一方で、そこからはみ出してしまえば先行きがどうなるのか見えないという強迫的不安をも醸し出している。少子化のために全体的には誰もが高校に合格できるようになっているにもかかわらず、高校格差がほとんどスライス状に輪切りされていて、子どもたちはどの高校へ行くか、どの大学へ行くかで人生が左右されてしまうかのように思わされている。しかも他方では、高卒での就職率が激減し、大卒でもフリーターなどの不定職につく者が増大しつつあって、学校が現実に子どもたちの将来を保証するとは限らない状況が広がっている。

学ぶことがその学ぶ当人にとってどういう意味をもつかは、学びの場において本来最も重大な問題であったはずである。ところが日本の学校教育の百三十年はこの問いをいつも付随的な位置におとしめてきた。何のための学びなのかが非常に見えにくい状況のなかで、結局は制度のはしごを上って学歴をつけ、学校歴をつけるところに学ぶことの意味が集約され、子どもたちのみならず、教師も親もこの教育の制度的な意味に操られてきた。ところがいま、この学歴や学校歴に集約されてきた学校の制度的な意味が揺らぎはじめ、一部のエリートは別にして、多くの子どもたちにとって先行きはきわめて不透明なものとなりつつある。そのなかでは学ぶことの制度的意味すら希薄化しているのが現実である。

かつて知的な権威であった学校が、いまやその権威を確実に失い、一方で学校の制度的な意味が揺らぎ、学歴が名目化していく。それに加えて、そもそも学校に行かなければ身につかないように思えることが、少なくとも表向きはほとんど見えなくなっている。ここに至って、学ぶことの実質的な意味があらためて問われているともいえる。ここでは、従来のように先生が「自分の知っていることを聞く（試す）」というスタイルの問いは、そのまま素直には通用しない。このような発問様式は、権威的な関係を前提にはじめて成り立つことであって、本来の人どうしのコミュニケーション関係としては明らかにいびつなのである。いまそのいびつさが露呈しつつあること自体は、ある意味で至極まっとうなことなのかもしれないのだが、学校のなかで教師たちはそのことをどこまで自覚しているのか、なお疑問である。

学校の場における二つの反転

学校のなかの関係の構図が、いまゆっくりと反転の臨界点を迎えつつあるように、私にはみえる。まず一つに、これまで日本の学校においては、あくまで〈教える〉ことが前景（図）に立って、子どもたちの〈学ぶ〉行為はむしろ背景（地）の側に退いていた。その構図が反転して、子どもたちがたったいまを生きるその生活のなかで、自分の側が〈学ぶ〉ことが前景に出て、おとなである教師が〈教える〉ことは背景にまわる。そうした方向に動きはじめている。

あるいは、これまで〈教え—学ぶ〉という教育の軸が前景を占めるなかで、子どもたちが学校生活のなかで互いにつくりだしていく生活的な関係もまた、背景に沈んだまま、それが表に出ることは少なかった。しかしいまようやく、学校には何よりまず子どもがいて、その子どもとかかわろうとするおとなたちがいるというふうに、生活（共居）の軸が前景に立ち、〈教え―学ぶ〉という教育の軸が本来の背景的な位置に退こうとする気配が、芽ぶきはじめているように感じられる。

その気配はいずれも、まだかすかかもしれない。しかしこうした二つの図地反転があってはじめて、学校は新たな意味を帯びて再生するのではないか。私にはそう思える。それぞれについて簡単に敷衍《ふえん》しよう。

〈教える〉場から〈共に学ぶ〉場への反転

人は誰もが、自分の身体の位置から〈いま〉を生きている。このあたりまえの原点を置き忘れ、はるか遠い将来のみをみて、そこへ向けてのプログラムをあらかじめ想定したとき（しかもそのプログラムは第三者である教師が組み立てているのだ）、そこにはしばしば逆立ちが生じる。

ロボット工学においても、たとえば二足歩行するロボットを考えるとき、将来にありうるあらゆる歩行環境を予想しつつ、それに見合う機能をあらかじめプログラムするという発想法では、限られた環境をきわめてぎこちなく歩行するロボットしか実現できない。むしろ、とにかくたったいま自分の身体の平衡を保つという機能、そのうえで一歩前に足を踏み出すことに賭ける機能、そしてそうして賭けたうえで新たな平衡を取り戻す過程を記憶していく機能を組み込んでおけば、最初はぎこちなくてハラハラするような歩行でも、やがてあらゆる環境に対応する歩行スタイルを身につけていくという。

生身の人もまた同じである。〈ここのいま〉の手持ちの力で、〈ここのいま〉の問題をとらえ、解決し、その解決のしかたを身に蓄えていく。そうした〈学び〉のスタイルによってこそ、周囲の状況にフィットしたかたちでの〈あした〉が見えてくる。ところが現実の学校教育制度のもとでは、〈あした〉のためのプログラムを装備するべく〈いま〉を組織するという学習観、発達観が世の中を席捲してきた。いまその転換が求められているのである。難しいことを言いたいのではない。〈子どもたちのいま〉の視点に身を置き直して〈学び〉の意味をとらえ直す、その原点に立ち戻ろうというだけである。このことによって学校システムにおける教師と子どもとの関係は大きく組み替えられるはずである。

〈教える〉場の背後でつくられてきた子どもの文化とその反転

これまで学校では、教育が子どもの生活の場を牛耳ってきた。そのなかで子どもどうしの関係の世界は背後に押しやられ、しばしばマイナーな意味づけを与えられて、生徒指導の対象とされてきた。教育主導のもと、教師たちの監督下で健全な生徒関係を望むこの種の学校の場に、子どもが主体的につくり上げるような文化（生きるかたち）は生まれない。

教師たちの教育的なまなざしに隠れて、子どもたちが一種の裏文化をつくり上げる。それは時に集団での喫煙であったり、異服・異装であったり、バイクでの暴走であったり、万引きや恐喝、あるいはいじめや暴行であったり……、そのいずれもが生徒指導というラベルのもとに収められる。それはたしかに教師の目には軽薄でふまじめで、まことにつまらない行為にみえるかもしれない。しかし当の子どもたちにとっては、そうした行為はある意味で必然であり、ある意味で主体的に求めているものなのである。

〈学び〉から逃走した子どもたちが、そうかといって学校を放棄するのではなく、学校に出かけてはその内外でたむろする。それを単にネガティブにみていいわけはない。それは教育主導の表世界の背後で、彼らがやむなくつくりだした〈共居〉のかたちなのである。その証拠に、生徒指導の対象になる子どもたちの行為のほとんどは、単独での行動ではなく（つまり個々の生徒の個人的欲求に発する個人的行動ではなく）、集団を背景にし、集団でなんとなく〈たむろ〉するなかで生まれる行動である。

教師と生徒との教育関係を図にして浮かび上がる人間関係の背後で、子どもたちどうしがまた別の人間関係を生きている。それはしばしば〈たむろ〉的なかたちをとる。しかしその〈たむろ〉のなかには〈人と共にある〉ことへの欲求がひそんでいる。それをむしろ積極的に一つの〈共居〉として生活の場の前景に立てることで、私たちは学校に新たな意味を生み出すことができるのではあるまいか。

学校は子どもたちにとってどういう場としてあるのか

ここであらためて最初の問いに戻ろう。子どもたちにとっていま学校はどういう場としてあるのか。この問いに真摯に答えようとしたとき、私たちは一つの方向にたどりつく。つまり学校を教育プログラムの実現の場として位置づけてきた従来のあり方を越えて、おとなと子どもの交わる生活の場として学校を組み直すことができないものか。その共居のなかで、前の世代が次の世代へと〈生きるかたち〉を伝える場として学校を再生させられないものかということである。

そこではもはや権威に基づく従来の縦型コントロールは通用しない。新たにコミュニケーションによる相互型コントロールへと、子どもとおとなとの関係のありようを組み替えていかねばなるまい。学校を〈生きるかたち〉を伝える場として再生させる。口で言うのはたやすいが、もちろん簡単なことではない。しかしいま学校を中心に子どもたちの周辺で起こっている問題を解決の道筋に乗せるには、この方向しかないのではなかろうか。

第2章　学校文化に見る子どもとおとなの関係考

1　学校という居場所

◎混沌とした日常の居場所

車椅子に乗って学校に通っていた少女が、あるときこう語っていた。「学校は階段もあるし、移動するときや行き帰りが、やっぱり大変。でも、どうして私が毎日学校に行ってたかっていえば、もし今日休んだら、その間にもしかして何かおもしろいことが起きるかもしれない、そのときそこにいないとつまらないと思うからかな」

学校は人が集まっているので、ハプニングにみちたところであるということを、この少女は表現している。そして彼女はそのことを期待し、楽しんでいる。もちろん、苦労や悩みもあるだろう。それでも学校はおもしろい、と子どもや教師が思うとしたら、それは人の集まりっておもしろい、という事実がそこにあるからだ。学校とは勉強するところというおきまりの定義以前に、そこはじつは、大勢の子どもと少数のおとなの混沌とした日常の居場所であり、そのこと自体が重要な意味をもっているのだ。

ところがこの二十年ほど、学校とは別に「子どもの居場所」と自他ともに称する場があちこちに現われ、増えている。フリースペースと呼ばれることもある。それらは主に、学校に行っていない不登校と呼ばれる子どもたちが過ごす、学校外の場所をさしている。子どもの気分に添ってこの言葉を翻訳すれば、「子どもが安心して居られる場所」ということになるのだろう。この名称は、逆に現在の学校が、子どもが安心して居られない場所になってしまったことの、端的な表現である。

一九七〇年代前半までの学校を考えてみる。雑然として活気にあふれ、「偏差値」という言葉はまだ普及していない。そのころの学校は子どもにとって、ともかくも自分たちの居場所と感じられていたのであろう。至れり尽くせりの場であったからではない。逆に十分に整備されていないために、ほどほどのゆるみをもった場であったからといえる。システムは整っていなかったが、その分、人の関係があふれていた。

関係のなかで生きる

人は誰もが、関係のなかで生きていく存在だが、関係はあたかも地面に生え広がる雑草のように、人の集まるところ、どこにでも出現する。関係は偶然にみちたつかまえにくい生きもので、整ったシステムと相性が悪い。それは、地面のコンクリート舗装がすすむと雑草が生えにくくなる現象と似ている。

しかし、人と人の関係なしには、人は所属感そして居場所感を得られない。とりわけ、まだ人生経験が浅く、人の関係のなかで多くを学ぼうとしている子どもたちにとって、関係の十分な量と好意ある質は、何よりも重要なものだ。

一九七〇年代後半から学校に目立ちはじめた「子どもたちの問題」と呼ばれるもの、すなわち登校拒否や校内暴力、いじめや学級崩壊などは、学校システムをめぐる人と人との関係の問題を反映してきたものともいえる。これらの問題に対して、国・文部科学省・学校管理者は、生徒指導や心理相談（カウンセリング）、制度改革や道徳教育の強化など、システムの改変で対応しようとしたが、事態は一向に解決には向かわない。最近は、子どもに加えて教職員どうしの関係悪化の問題が表面化し、同僚との人間関係の悩みが深刻化しているという（本書第Ⅲ部参照）。それは学校が住みにくい場所となった証である。

もちろん「関係をめぐる問題」は現代という時代自体の問題でもあり、こと学校に限ったものとはいえない。そのことをふまえたうえで、本章では学校における子どもとおとなの関係の姿に焦点をあて、その歴史的変遷と現状を分析し、学校が子どもにとって「安心できない場」になっている事情を明らかにしていきたい。

2　金網のなかの子どもたち——直接的な上下関係

一斉行動の要求

学校といえば何を連想するだろうか。まずチャイムの響き。子どもたちは笛の音で牧童のもとに集まる羊のように、一斉に教室に入る。号令、行進。「右向け右！進め！」などの軍隊用の掛け声は、学校のなかで現在も生きている。点呼。「出席をとります」の声で教室の一日が始まる。教師は子どもの群れの統率者だ。統率がうまくできると、指導力のある教師とされ、仕事上の高い評価を受ける。指導力がないとみなされることを、教師たちは最も恐れる。教師たちは統率・指導に関心を集中し、学校は一斉行動と上下関係を基本原則として、その関係原理を子どもたちに伝えていく場となる。

一斉行動とは、集合や行進のように、命令によって身体を動かすことだけではない。じっと動かずに長時間を耐えるというのも、学校が子どもに要求する重要な一斉行動である。授業時間の身体的拘束に耐えることが、当然の課題として子どもに求められ、動かずに集中する子ども集団を統率することが、指導力のある教師と呼ばれる条件となる。

しかし、じっと動かずに長時間を耐えよという命令への服従は、とりわけ活力にあふれた子ども世代にとって、かなりの苦行である。中学校教師の打方成美は、一人の中学二年の少年の「動きたい」と題する詩を紹介している（個人冊子『こだま通信』一九九〇年）。

きょうも先生の話が始まった／ぼくの足と手と口が動きたがる／足が言っている／「先生の足はいいなあ。いつも歩いたり動かしたり。ぼくは机の下でしか動かせない」／手も言っている／「先生の手はいいなあ。手振りができるし、自由に動かせる。ぼくは机の上でしか　動かせない」／口までも言っている／「先生の口はいいなあ。自分の思っていることを、大きな声で言える」／頭ではコントロールできない何かが動きたがっている。

こうした心情におかまいなく、言われたとおりにじっと動かないでいることが、学校的な身体の完成であり、学校を成立させる条件である。一九九〇年代に入って「学級崩壊」という名で子どもたちの「不服従」が大きな話題になったのも、その現象が学校成立の根幹を揺るがしたからにほかならない。

序列の重視

上下関係を空気のように当然のものとする学校の関係文化は、「なぜ」を受け入れない。なぜ制服を着るのか、なぜワンポイントの靴下はだめなのか、なぜ「日の丸・君が代」なのか。理由は一つ、「そう決まっているから」だ。そうすれば話し合いの必要はない。「なぜ」があるところには意見交流や討論が発生する。それらはヨコの関係を前提とするが、学校はそれを歓迎しない。力をもつ教師が上、もたない子どもが下、のタテ関係によって秩序を維持するのが、学校の前提だからだ。

安全に生きていくための道として、子どもたちがその上下関係文化を身につけるのは早い。教師との関係ばかりでなく、自分たちの世界にもそれを取り入れる。上級生・下級生の関係がその典型である。中学生の上下関係ルールは厳しい。上級生にあいさつをしない子どもは生意気とみなされる。「タメ口」をきくなどもってのほかだ。来年中学生になるという少女が、「中学生になるのって、こわいなあ」とつぶやいていたのを聞いたことがある。勉強の心配ではなく、上級生にいじめられるのではないか、厳しい上下関係文化についていけるだろうか、と心配しているのだ。

学年の上下関係だけではなく、仲間集団のなかにも序列がつくられやすい。いじめ行動は、おそらくそこに関係している。子どものいじめ問題が表面化したとき、パシリと呼ばれる最下位の子どもの位置が明らかになることがあるが、これも関係の序列化の反映である。子ども社会は学校の上下関係規範をなぞり、タテ関係を自分たち自身のものとして内在化し、行動化していく。

学校の軍隊化の系譜

号令や行進、点呼や序列といえば、軍隊が思い浮かぶ。学校と軍隊の類似性は、よく指摘されるところだ。なぜそうなったのであろうか。そこには当然のことながら、歴史的背景が存在する。以下に、山住正己の仕事を参考にしながら、学校と軍隊の結びつきの経緯をたどりたい（山住正己『日本教育小史』岩波新書、一九八七年）。

日本の公立学校の出発点は、一八七二年の学制公布にあるから、昨年の二〇〇二年でちょうど百三十年になった。山住によれば、学校は当初から軍隊をなぞっていたわけではないようである。学制公布以前、子どもの学びの場であった寺子屋では、もし子どもが一室に十数人いたとしても、一斉授業ではなく、個別に手習いを教わるのが一般的であったという。その慣習もあってか、学制公布以後も数年は教育内容や方法の画一化は行なわれなかった。教科書についても国による統制はなく、文部省は民間人による教科書の編集・刊行に期待をかけ、それぞれの土地民情に適した教科書の使用を勧めていたという。

また小学校建築も現在のような一律の形式ではなく、当初は個性的な建物がみられた。たとえば、長野県松本の開智学校には、美しい彫り物のついたバルコニーがある。また、一八八〇年建築の、静岡県松崎にある岩科学校の正面玄関の写真が、山住の本に掲載されているが、それは洋風豪邸かと見まごうほどにモダンなものである。もっとも多くの校舎は、寺子屋の転用や寺院の利用であったようだが、地域住民の拠出金によって個性と誇りにあふれる校舎が建てられたことは、住民主体の学校の出発を物語るものであろう。

しかしそれからわずか十数年を経ると、早くも学校は富国強兵の思想と強く結びつきはじめる。それは一八八五年に内閣制度が発足し、森有礼が初代文相に就任した頃のことである。教育は富国強兵に貢献すべきだとの考えがしだいに広められていった。森は学校教育について、「生徒その人の為めに非ずして国家の為めにすることを終始記憶せざる可からず」と述べたという。また将来教師となるべき師範学校の生徒は、「十のうち七八は国家必要の目的を達する道具」であるとの自覚が大事とも述べている。この言葉について山住は「教師は上司に対しては従順で、国家の権力・権威を背景にして子どもにのぞむという師範型の教師が浮かんでくる」と記している（前掲書）が、そこに望まれる教師像が現在も継承されていることは明らかである。

学校の軍隊色は、その後しだいに濃くなっていく。一八九〇年に教育勅語が制定発布され、徳育が強調される。全教科目で修身の教育・国民教育に留意して教えよとの指示が出された。ここで突然現在の話に飛ぶが、それと類似した事態が、現時点でもふたたび起こっている。教育勅語登場から百年余の二〇〇二年、『心のノート』と称する道徳教材が小・中学校の全生徒に配布された。そしてその教師用手引きには、教材に盛り込まれた徳育の内容を、全教科目と関連づけて教えよとの指導がなされているのである。それは教育勅語発布のときの指示と、おどろくほどに重なっている。学校の基本は変わっていないというべきか、歴史はくり返すというべきか。

一斉行動、上下関係を基本とする国家主義的な学校体質は、教育勅語発布以降、いっそう強まっていく。運動会、遠足、修学旅行が始まり、それらは国策に沿っての行事であったという。集団がまとまって奮闘することが、やがて国への帰属意識、戦争における戦意高揚につながるものと期待されたのである。体育の教科は、軍隊式訓練の様式が取り入れられた。また、先にふれた学校建築様式は、一八九一年に制定された小学校設備準則によって画一化され、東西にのびた校舎の北側に片側廊下、二十坪の教室の直列という、兵舎に似た校舎の類型化が進んだ。

「きまり」の絶対性

こうして軍隊のひな型のような学校様式ができあがると、行動様式もそれにならうのは自然の帰結であろう。「起立、礼！」「着席！」「気をつけ、前へならえ！」などの号令や、運動会・体育祭での「進め、止まれ！」のかけ声のもとでの行進などは、その例である。命令を基盤とする学校の言語文化はそのまま、人と人の上下関係文化でもある。そこに働くおとなを「先生」と呼ばせ、自らもそう呼び、お互いを先生と呼び合う。「自分を先生と呼ぶ風習は奇妙ではないか、なぜ止められないのか」と、先日のこと、ある新聞の投書欄に市民からの意見が載っていた。もっともなことだ。しかし対等な人間関係文化がとりわけ入りにくいのが学校だ。というよりも学校は、子どもとおとなの上下関係を前提として存在しているのである。そしてそれは、おとなどうし、子どもどうしの関係に及ぶことになる。

校長先生は王様／教頭先生は大臣／先生は兵隊／クラスのボスは村長／そしてぼくたちは平民だ／なんにも（自分で）決めることがない。

これは、十二歳の少年の詩だ（石川憲彦・他編『子どもたちが語る登校拒否』世織書房、一九九三年）。

一方、学校のそとの社会では、男女関係や親子関係の対等化をはじめとする、人間関係の対等化が進んでいる。校門のそとの現代社会と、学校世界のズレは大きい。そのズレを子どもたちは身体で感じながら、校門の内と外を生き分けている。

言語や関係の文化だけではない。学校における服装も同様である。同一の服装をさせるという行為もさることながら、セーラー服は海軍の、詰め襟は陸軍の軍服をなぞっている。好戦的な人々には、ここに日の丸と君が代がないなど、考えられないのだろう。一九九九年に国旗・国家法が成立してから、日の丸掲揚・君が代斉唱の強制と、それへの不服従に対する処分の力は、いっそう強まっている。

しかし冒頭に述べたとおり、学校は人が集まり過ごすところである。だから、場を拘束するタテ構造や多くの規則をかいくぐって、そこをおもしろい生活の場にしてきた教師や子どもはたくさんいる。人の集まりは生きもので、ハプニングに満ちているという事実があるからだ。ただしそれはまさに運しだいで、はりめぐらされた管理の網の目をかいくぐれないとなれば、そこには苦痛だけが待っている。事実、管理の網の目がしだいに細かくなっていることは否定できない。学校へ行かなくなったある十二歳の小学生は、学校の日常を思い返して、次のように記しているが、学校の慣習を疑問に感じている子どもの実感が伝わってくる。

朝、学校の校門には、ときどき理科の先生が、にらみつけるようにして立っている。先生はほどうの仕事をしているらしく、校門に入ってくる生徒の名ふだやぼうしがあるかどうか、見はっている。だいたい先生は月曜か金曜に立っているのだが、気分しだいなのでいつ立っているか分からない。生徒にとってはとてもこわいのだ。さいわい校門の近くには歩道橋があって、その上をぼくたちのはんが通るので、そのとちゅうに、校門に先生が立っているかたしかめられるのである。一番最初に先生を見つけたはんの友だちがみんなに知らせてくれる。その合図ではんしゃてきに右手はぼうしを、左手は名ふだのあるとこをすでにさぐっているのである。（中略）校門の前にくると、まず礼をしなければならない決まりがある。先生が立っていない日は、気楽に礼をするけど、先生がいると、ちゃんとならんで、しっかりあいさつをしなければならない。学校に礼をしても、どうせいいことはないので、ときどきさぼることがある。朝からとてもきんちょうする。今考えても、なんのために礼をしないといけないのか、ぜんぜん意味が分からない。

（『子どもたちが語る登校拒否』世織書房）

授業の場も、上からの知の注入によって成立している。ここでも、本当の「なぜ」は異質なものとされる。「よく考えなさい」と教師は子どもたちに言うが、それは「期待される答えをよく考えて当てなさい」という意味なのだ。うっかり本質的な質問などすると、教師に迷惑がられる。何のために、どうして、と聞いてはいけない。それが学校だ、と子どもたちはわかっている。その慣例は、教師が上で子どもが下の図式に基づいて、「上」への服従行動と忠誠心を身体化させるための儀式である。学校はこの儀式群におおわれている。子どもは知りたがりで、「どうして」を連発して大きくなるが、学校に入るとそれを取り上げられる。こうして、子どもたちは考える楽しさを手放していく。対話が失われ、命令―服従のタテ関係に子どももおとなもはめこまれていく。

3　カスミ網のなかの子どもたち――間接的な上下関係

子どもとの対話の工夫

学校生活のなかで、最も長い時間を占め、かつおとなに重視されているものは、授業である。「正しい答え」が教えられ子どもがそれを覚えるのが、授業の原点である。「あいうえお」を覚え、漢字を覚え、数字を覚えて、それらの操り方を教わる。寺子屋の学習を言い表わす「手習い」は、その原型だ。つまり、モデルの模倣である。「学ぶ」は「真似ぶ」をもととするといわれるが、与えられたものを習い覚えて身につける。それが自分の生活や社会で役に立つことが実感できれば、学びは楽しい。広告が読める。手紙が書ける。買い物の計画が立てられる。文字や数字になじめば、それらは世界をたしかに広げてくれるからだ。学校では単純な基本学習をみっちりやればそれでいい。

子どもの頃私は、おとながうらやましかった。毎日、新聞という名の新しい本が配達されて、それをおとなたちが読んでいると思えたからだ。私の場合、子どもが読めるものといったら、きょうだい四人が共有している数冊の絵本だけだったから、ほかのものも読んでみたかったのだ。「おとなはいいなあ」と、私は言った。「だって、毎日新しい本が来るんだもの」。「学校に行くようになって、勉強すれば読めるようになるよ」と、母が言った。私は学校に行くのを楽しみにした。

子どもが世の中のことを知りたがっているのは、たしかなことだ。先に生まれて読み書き計算を知っている先生が、「山とはこう書きます」「これは海という字です」と上から子どもに教える素朴な寺子屋式上下関係を、わたしは自然なものに思う。誰が速く覚えたか、進み方が速いかと競わせたりさえしなければ。

しかし学校教育は、先に述べたように、「生徒個人のために非ずして、国家のためにするもの」と規定され、評価と競争の場とされて、教師は評価者の役割を負わされる。学習結果だけでなく、態度・行動に表われる学校への忠誠心が日々評価される。子ども自身の関心・意欲におかまいなく、大量の教科内容が注ぎ込まれ、本質的な質問をすることは許されない。そして教師もまた、指導・管理力と忠誠心を評価される。この構図のなかで、子どもとおとなの関係は、教え教わる素朴な上下関係をはるかに越え、人間をまるごと値踏みするシステムとして機能するようになって久しい。

それでも学校が人の集まるところ、それも長年にわたって毎日一緒に過ごす場であるというたしかな事実が揺らぐものではない。子どもに大量の学習課題を注入することが仕事となった授業の場で、そこに生気をもたらそうとするさまざまな工夫が、教師たちによって積み上げられてきた。上から知識を注入するのではなく、自分で考えお互いに討論し、わかった！という発見のある授業をめざした実践である。それらの実践は共通して、子どもとの対話をつくりだそうとしている。積み重ねられたその種の実践報告は、おびただしい数にのぼるだろう。それらはたしかに、教師と子どもの固定された上下関係を揺るがし、自発と対等関係の活気を教室に生み出した。それらが教師たちの真剣な実践の蓄積であり、子どもと教師の関係の模索であったことは疑いえない。

しかし現在の学校で、子どもたちがそこに納得していないとするならば、厳しく再検討すべき関係の問題が、依然として存在しているのではないかと考えてみる必要がある。すなわち意見発表をとおして考えさせる授業が、用意された正答を当てるための手段となっていなかったかという反省である。この問題を考えながら、以下に、日本の学校で工夫され展開された授業実践や生活指導の方法などを、関係論の視座から点検していく。

「考えさせる授業」の背景

「なぜ」の欠如した学校のありようについて先の項で述べたが、その見解についてはおそらく反論があるだろう。教室では子どもたちに考えさせ、話し合わせ、発表させる授業が日常的に展開されているではないか、という異議である。たしかに教え込むばかりではない。「どう思いますか」「意見を言ってください」「その意見に賛成の人は？」というような教師の発言は、教室のなかで常に聞かれる。そして日本の学校では、アメリカ（おそらくヨーロッパも）の学校に比して、生徒に話し合いをさせる授業が特徴的であるようなのだ。そのことを指摘する一つの研究報告を見ながら考えたい。

一九九二年のこと、アメリカで二人の教育学者による一冊の著書が出版された。原題は“The Learning Gap”で、アメリカの学校教育の反省点を指摘し、日本と中国の教育から学びうるものについて述べている（H・W・スティーブンソン、J・W・スティグラー著、北村晴朗、木村進監訳『小学生の学力をめぐる国際比較研究』金子書房、一九九三年）。そのなかに、授業実践形態の違いを論じた章がある。

著者らが指摘する日本と中国における授業の特徴の一つは、アメリカのそれと比較して、生徒に意見を出させ、それを活用しながら進めるところにあった。著者らによれば、アメリカの教師は一般に、「はい・いいえ」または短い表現で答えられるような質問をする。そして正しい答えを求め、誰かが正答を言うまで質問を続ける。教師が質問し、生徒が答え、「そのとおりです」のような教師の判断が示されるという単純なやりとりによって、授業の基本は構成されている。一方、日本や中国の教師は、子どもたちに自分の答えを説明するように求め、その後、他の子どもたちにそれが正しいかどうか評価するように求めて、生徒の答えを授業に利用する。「この答えが正しいと思う人は何人いるかな？」のように。さらには、生徒の間違いをも有効に利用する。

たとえば、次のような例が報告されている。五年生の算数の授業で棒グラフの意味を教える場面である。教師はまず、いくつかのガラス容器を教卓に並べる。花瓶、水差し、ビール瓶などの六種類である。そして生徒たちに尋ねる。「どの入れ物に一番多く水が入るかな？」。手をあげた生徒が、花瓶、水差しなどとさまざまに答える。教師は言う。「いろいろな意見があるね。どうやったら、誰が正しいかわかるかな？」。子どもたちの話し合いが始まる。水を入れてみる、ということに意見がまとまる。教師は数人の子どもに水を汲んでこさせ「さあ、どうしたらよいでしょう」と言う。ふたたび話し合いが始まり、コップで汲んで入れることに決まる。ここで教師はクラスをいくつかのグループに分け、グループ作業をさせ、そのあとリーダーに結果を報告させて、黒板に数値を棒で書いていく。こうして教師は、棒グラフの概念を子どもたちに導入していく。

一方、アメリカの小学校の授業の一場面は、次のように紹介されている。教師はまず、「今日の授業は分数についてです」と告げる。そしてまず黒板に「1/2」という分数を書き、2が全体を表わし、1が部分を表わすという説明をする。そして分子と分母を定義し、子どもたちがこれらの言葉を覚えたかどうかをチェックする。「これは何といいますか?」「これは?」のように教師は尋ねる。子どもたちがこれらの用語の意味を理解したと確信すると、次に、分数の表記を使っていろいろな量を表わすように求めていく。

これら二つの授業スタイルを比較して、著者らは次のようにいう。すなわちアメリカの小学校の教師は、アジアの教師に比べて、言語を、用語を定義したり規則を説明したりすることに使う。一方アジアの教師は子どもたちにまず経験をさせたのち、言語を明確化と仕上げのために使う、と。すなわち、前者は概念の導入から学習に入り、後者は体験と意見交換から入るという、手法の違いを指摘しているのだろう。

この研究報告において著者たちは、日本や中国の授業の手法を高く評価して、次のように述べている。「生徒が問題の解決を考え出し、説明し、評価するように教師が刺激するときには、教室のなかには頻繁な言葉のやりとりが生じる。子どもたちは受け身的な自動機械ではなく、学習過程への積極的な参加者である」「アジアの教師たちは思慮深く、巧妙に子どもたちを導いていく」と。

対等にみえる上下関係

たしかに日本の学校では、「これは何かわかりますか、意見を言ってください」のような、自発性を喚起する質問がしばしばみられる。子どもたちの意見交換も促される。その一方で、「気をつけ、礼！」という直截な命令があり、両者は混在している。ハードな言動と、ソフトな方策とが共存しているのだ。一方アメリカの学校にはおそらく、「右向け右！」という命令もない代わり、「この答えに賛成の人は？」という迂遠な聞き方もなく、「そのとおり」「違います」という直截な教師の言動が中心になって授業が展開されているのだろう。それはおそらく、学校の場面だけではなく、社会全般における人と人の関係文化や言語文化が異なっているためでもあるに違いない。

日本の教師たちが子どもたちの相互関係や学級集団のダイナミックスを駆使して、活気ある場面をつくりだすのはたしかなことだ。それはこれまで述べてきた「上から下へ」の授業形態とは異なっているようにみえる。それらは「考えさせる授業」といわれ、望ましい手法として評価されてきた。

しかし、それはヨコ関係ではなく、依然としてタテ関係の変形である。なぜなら、教師が求める答えは決まっていて、生徒はそれを当てることを求められているからである。場面は討論のかたちをとっているが、そこに自由な思考の展開が許されているわけではない。先のアメリカの研究者たちが指摘しているとおり、その技法は「巧妙に子どもたちを導いていく」範囲のものである。子どもを囲う金網が、カスミ網に代わったようなものである。一九九〇年代に登場した「新しい学力観」も、発想はこの延長上にある。

自発的な答えを求められるが、そのじつはあらかじめ用意された答えを当てることとなると、子どもたちの主たる関心は、教師の心情を推測することに絞られていく。柔らかだが屈折した上下関係が生み出される。その構図を、子どもたちが感知しないはずはない。そこでは見えにくい支配―服従関係が場を支配し、予定された答えにあてはまらない発想は無視されていく。

◎予定されている正答

一つの場面が思い起こされる。ずいぶん前のことだが、模範授業として広く知られていたあるビデオテープを見る機会があった。それは「人間の進歩」について学ぶ場面で、ビーバーが巣をつくる行動と、人間が頑丈な家をつくる仕事とを比較しながら、建築文化を通して技術の進歩を考えさせていた。ビーバーたちは巣を簡単に濁流に流されてしまうので、何度も同じ巣づくりをくり返さなくてはならない。しかし人間は賢くも永続的に住める家を……といった内容であったと記憶する。教師の采配のもと、子どもたちはこのテーマについて活発に議論し、授業はいきいきと予定された答えに到達していった。そのにぎやかな討論のなかで、一人の子どもの言葉が、私の耳にとまった。それは「ビーバーって、えらい」というものだった。しかしそのひとりごとめいた発言は、予定された授業の流れからはずれたものだったので、取り上げられることなく過ぎていった。その子どもは、教師が予定し期待した答えをうまく当てられなかったのである。

しかし考え方を変えれば、ビーバーはたしかにえらいのだ。コンクリートの頑丈な家やビルを建て、地球環境を汚染する人間の住み方に比べて、自然の摂理に従い辛抱づよく（？）くり返し巣をつくり、エコロジカルに生きるビーバーの暮らしは、人間の「進歩」について反省的に考えさせる中身をもっている。おとなが子どもの思いがけない発想や発言から「なるほど」と考えさせられるのは、このようなときである。そのとき、子どもとおとなの硬直した上下関係がわずかに揺らぎ、相互に学び合うやわらかな対等関係が顔をのぞかせる。こうして両者の関係は自由さを得て、豊かにも楽しくもなっていくものだ。

だが学校の授業では、そのような展開はなかなか許されない。決められたわずかな時間のなかで、決められた答えに向けて効率的に子どもを導くのが、教師に求められる仕事だからである。子どもの言葉に虚心に耳をかたむけるゆとりは与えられないし、その発想も生まれにくい。こうして、子どもの話し合いを活用する活気ある授業は、正答に導くための効果的手段として用いられるにとどまる。それは基本的構造的に、対等なすがたをした間接的な上下関係である。その関係のかたちを、子どもたちは察知し身体に刷り込み、自発性という名の従属性を培っていくことになるのである。

生活綴り方の実践

くり返すが、学校という場が人の集まり過ごすところである限り、タテ関係の合間にヨコ関係が生まれる契機がなくなることはない。制度的関係をくぐりぬけ、時につきやぶって、生徒と呼ばれる子どもと、教師と呼ばれるおとなのあいだに、対等な交流は折々に顔をのぞかせる。そのような関係のすがたは、教室の内外、授業と休み時間を問わず、どこにでも発生しうる。場面を授業の枠のなかに限るなら、その可能性を最も大きく有していた実践はおそらく、生活綴り方運動であろう。

一九三〇年頃に、東北地方の貧しい農山漁村を中心にひろがり、戦時体制のなかで弾圧を受けていったん頓挫しながら、戦後に復活したこの運動は、子どもの生活を社会のありようと結んでとらえる目を育てようとする考え方に基づいていた。村山士郎はこの実践の目標を、次のようにまとめている。生活綴り方は、「子ども・青年の生活表現を、書きことば・文章表現の指導をとおして生きかたを探究するところに本質がある。そのために、生活の事実・現実を主題化し、自分のことばでありのままに書き綴る。今日の子どもたちにとって、現実の生活を直視し、その生活への自己の緊張した関係をつくりあげ、主題意識を明瞭にし、それが自己の生きかたを方向づける内実に結びつくまで表現をきたえあげる」

（村山士郎編著『生活綴方実践の創造』民衆社、一九八一年）。

とはいえ、この実践もまた、基本的には「上＝教師」による教育であって、関係の変革については限界をもっていた。おびただしい実践記録のなかに延々とつらなる「させる」「書かせる」「引き出す」「育てる」などの教師による言葉がそれを示す。

この目標に「指導」という言葉がみられるとおり、生活綴り方運動も基本的には、教師が生徒を指導するというタテ関係に基づく教育活動であったことは否めない。しかし、子ども・若者が自分たちの生活を語る言葉の力は、さまざまなかたちで、「指導」や「教育」の上下関係をつきやぶり、子どもとおとなの友情と呼ぶにふさわしい関係を生みだしていったことも事実であろう。家族の生活の苦しさや、親たちの労働の苛酷さに心をいためる子どもたちに、北海道のある高校の担任教師は、次の言葉を寄せている。「どうしたら楽になれるのだ。それは先生にもわからない。だがこれでいいのか。苦しみの中を、じっと耐えてゆく生活の何時かは原野にだって春が来るにちがいない。いやきっとくる。苦しんで新しい生活を発見するのだ」（研究交流誌『生活綴方教育1』駒草出版、一九八六年）。

ここには「指導」というよりも、思わず手紙と化している教師の言葉と、生徒への仲間意識が表われている。思わず、と書いたのは、生活綴り方の実践においても、教師が生徒を指導し教育する立場にあることと自体が、自覚的に問い直されていたわけではないと思うからである。つまり、生徒と教師の関係論が自覚され、その上下関係についての問題意識があったわけではなかっただろう。それにもかかわらず、生徒の書く言葉がこの関係を揺るがし、人と人の仲間関係を引き出している。そこに作用しているのは、作り物や借り物ではない生徒の生活現実そのものと、そこに共振する教師の心情である。子どもの生活現実と切り結ぶときに生まれてくる対等関係の可能性を、生活綴り方実践は示唆している。授業の枠のなかにあるタテ関係の「指導」と、仲間としてのヨコ関係の「手紙」の間をわたりながら、そのはざまに子どもとおとなの友情を生みだしている。

おとうちゃん　**四年　松田順二**

車にのって／おとうちゃんは　ゴミ集めをしている／毎日している／「おとうちゃん／ぼくの学校にも　車に乗ってきてね」／ぼくは　いうた／けど　おとうちゃんは／「おまえとこは　行かへん／順二とこの学校は　行かへん」首を　なんべんも横にふる／「なんでや／おとうちゃんは　働いているんやで／ゴミ集めしに　学校へおいで／なあ　おいで」／ぼくは　おとうちゃんの手を／きつう　ひっぱった／それでも　おとうちゃんは／「行かへん　順二とこの学校だけは／行くのん　かなん」いう／おとうちゃん　なんでや／おとうちゃんは働いてるんや／おとうちゃんは／どろぼうしているのと　ちがうんやで／おとうちゃんは／京都の人のゴミ集めして／働いているんやで／おとうちゃんは　働いているんやで

（『生活綴方実践の創造』）

この詩を、順二は担任の岡本博文に見せながら、「先生はぼくとこの家のお父ちゃんをどう思う?」と聞いてくる。その場面をのちに岡本は、次のように記す。「……私の方がドギマギした。そして三回ほどこの作品を読んで、私は順二に言った。『お父さんの気持ちも考えてあげるのだ。学校へゴミ集めに来て、もしも君が友だちにひやかされたら……と心配しておられるのだ。しかし、この詩のなかで言っている君の考え方は正しい。順二の方が正しいよ』──まさにムチャクチャの、しどろもどろのわたしの答えであった」（前掲書『生活綴方実践の創造』）。

教師のしどろもどろの、しかし嘘のない精一杯の言葉は、おそらく子どもにまっすぐにとどいただろう。生活綴り方とて、枠組みこそは言葉による表現の指導であり子どもをつかむ手段ではあった。しかしその営みの内実はこの例のように、子どもと教師のあいだに、立場を越えた人と人の関係をかもし出す力をもっていた。

「指導」から「手紙」へ

子どもの側もこの関係を歓迎し、そこに敏感にこたえている。一九五〇年代のこと、中学二年生の野上丹治は、生活綴り方を介して生みだされる教師と生徒の関係を、「指導・教育」を越えたものととらえて、次のように表現している。「……ぼくは文や詩を書くとき、『作文のおけいこ』だなんて気になれたことが一ぺんもありません。ただ『先生に聞いてもらいたい』とだけ思って書いてきました。これはぼく一人ではありません。ぼくの友達も、みんな、そんなに言っています。してみれば、ぼくらの作る詩や文というものは、おとなの言うように『芸術』でも『学習』でもなく、ただ、ご指導の先生に差しあげる手紙なんです……」（野上丹治・他『つづり方兄妹』理論社、一九五八年）。

タテ関係を維持すべきものとして運営される学校のなかに、生活綴り方運動は「手紙」という言葉に託される、子どもとおとなのヨコの関係を生みだした。戦時中の弾圧をくぐりぬけ敗戦後に息を吹き返したこの運動のなかで、「日本綴り方の会」が一九五〇年に結成され、無着成恭による『山びこ学校』（青銅社、一九五一年）の出版は、広がりの導火線となる。当時、戦後の生活苦のなかで教職を離れ都会に出る教師たちも多かったようだが、無着は貧しい村に腰を据えて子どもたちと向き合い、自分たちの生活について「文字を通して語ること」「書くことを通して事実を見定めること」を子どもたちに求めた。その先に生まれたのは「仲間が連帯すること」を含む教室の生活化であった。

その関係のなかで子どもたちは、驚くほどの筆力で、仲間と信じる無着と級友たちに向けて、長い文章＝手紙を綴る。それは「教育」の関係を思わず越え、相互に惚れ合った関係のなかで、書き、読み、共有し、子どもどうしの困難を支え解きあう実践へと展開した。それらの文は、「教育実践」と呼ばれたとたんに一瞬にして色あせてしまうような、ひたむきな恋文のようなものであった。

しかもそれは書くことにとどまらずに、仲間の共動に結びついていく。たとえば生徒の一人江口江一は「綴り方」のなかで、父のいない一家での母の死と家の借金について一部始終を記し、残された子ども四人が生きてゆく見通しは立てられない、「どんなに働いてもお母さんと同じように苦しんで死んでゆかなければならないのではないか、貧乏からぬけだすことができないのではないか」と書く。無着は仕事の計画表を江一につくらせ、学級の生徒数人を集めて計画表を見せ、「なんとかならんか」と聞く。子どもたちはすぐに男女チームを組み、畑仕事や柴運び、雪囲いなどを手伝って終わらせてしまう。そして無着自身も、学校と離れた自宅から「みんながいる村へ行くんだ」と、子どもたちのなかへ引っ越してくるのである。

「指導の充実」と生活の喪失

このように仲間が暮らす生活の場と呼ぶことのできる学校が、戦後の混乱期のいっときに存在した。それは教師が子どもを「教え導く」ことを前提とする学校文化の拘束を時に離れて、両者の対等関係をほんの一時期だけ現実のものにして消えていった、花火のようないっときであったかもしれない。なぜなら、一九六〇年代に入ると、生活の営みを混沌と含みこんだ泥くさい生活綴り方運動は、教育論議の理論化の波に洗われて、教育実践論争の舞台に移っていく。そして一九六二年の「日本作文の会」の大会において、この運動は「作文の教育」と「生活指導」の二つの流れに別れ、「生活綴り方」は作文の会で取り上げ、「生活指導」は全国生活指導研究会で扱うというように、組織的分業がなされた。その変遷の過程で、子どもの書き言葉は、身体から吐き出される手紙としての迫力をしだいに失い、先述した野上少年がかつて忌避した「学習」に「格上げ」されていったのではないだろうか。

生活綴り方運動は、その後もなくなったわけではない。おびただしい実践とその記録、そして研究交流と討論が積まれつづけた。しかし社会の管理の網の目は、学校を率先して取り込み、直接間接の上下関係が整備されていく。いわば、雑草の生えにくい、学校のアスファルト化が進行する。子どもの息苦しさはつのるが、教師への管理の厳しさも進行し、両者の対等関係は阻まれて、学校は閉塞していった。

一九八五年に北海道で書かれた中学一年の少年の言葉と、教師がそこに立ちすくみながら言葉を返すやりとりには、立場を越えて子どもに身を寄せきれない教師の苦悩が読み取れる。

自分の気持ち
もういやだ／学校も／勉強も／できることなら／学校に行きたくない／勉強もしたくない／でも、できない／学校には友達がいるから、少しはおもしろいが／勉強はいやだ　でもしなければならない／勉強をしなければ／おちこぼれていくだけ／でも、どちらがいいかは自分でえらぶ／たとえまちがっていても／自分がきめた道だから
（『私の詩と真実と生活綴方と』）

担任の打方成美は、長年生活綴り方に取り組んできた中学教師であるが、この子どもの確信にとまどい、同じ実践に取り組む同僚教師たちに向けた『私の詩と真実と生活綴方と』（胆振作文の会実践報告冊子、一九八九年）と題する冊子に、次のように記す。「どちらがいいかは自分でえらぶ。このことばにわたしはひとつの開き直りをみる。しかし教師であるわたしは、ここを追求してはおしまいで、やはり彼らの可能性に目を向け、励ましの言葉を送らなくてはならない」。そしてこの生徒に対して打方は、自身の書いた次の詩の一節を送り、がんばろうと励ます。「子どもが大人になる前にくる／惑いのよう

に／冬は去りがたく／春を苦しめる」

ここで苦しんでいるのはおそらく、子どもだけではないに違いない。打方はつづけてこう書きたかったのかもしれない。「学校はたしかにおかしいと思うよ、教師としてのぼくも迷いでいっぱいだ」。しかしそれはやさしい仕業ではない。もし生徒の思いを共有しようとするなら、それこそそこに、教師の大きな開き直りが必要だ。

いま、子どもと教師の立つ位置は大きく開き、お互いに身を寄せ合うことを困難にしている。その事態はそのまま、学校の抱える関係の問題の大きさを示しているのだろう。そのなかで過去をふり返るとき、かつて生活綴り方実践が学校の歴史に残した足跡は、現在や未来の学校像を考えるうえで、私たちにたしかなヒントを与えるものに思われる。

カウンセリング・マインドという管理

一九九〇年代に入り、学校と子どものあいだに発生する不協和音がますます高まり、子どもと教師の関係の問題がいっそう鋭く問われるようになった。不登校、いじめに加えて、学級崩壊と呼ばれる授業不服従の行動が教師たちを悩ませ、教育行政は教師の管理を強化すると同時に、学校に心理学専門家であるカウンセラーを導入した。それは一九九五年のことである。この年に約三億七千万円の文部省予算で開始されたこの事業は、二〇〇二年度には、初年度の十倍を超える四〇億円を超す予算へとふくらみ、学校のなかにはスクールカウンセラーが急速に増えていく。それにつれて、教師の側もカウンセリング・マインドをもって生徒に接することがいっそう求められるようになっている。

カウンセリング・マインドによる指導とは、従来の学校の生徒指導の手法であった直接的な上下関係である「生徒の監視と取り締まり」のような教師の接し方を改め、生徒の声に耳をかたむけ内面を受けとめ、生徒理解を深めようとする方法である。しかし、それが生徒と教師の対等な関係を生みだすものかといえばそうではなく、間接的でかつ強固な上下関係であることは否定しがたい。それはあたかも、やわらかなカスミ網に子どもたちを囲い込む、見えにくい管理技法であるということができるだろう。カウンセリング一般にいえることであるが、相手の話をよく聴くこと自体が、おだやかに相手を管理するための手段となっているからである。

一例をあげる。一九九七年、当時の文部省が臨床心理学者らの協力のもとに、あるビデオテープを作成した。それは「学校におけるカウンセリングの考え方と技法」と題するもので、脚本に基づいて作成され、全国の各小・中学校に配布された。そのなかに、横暴無礼な教師たちに対して腹をたて暴力行為に及ぼうとしている中学生への対応場面がある。カウンセラーは、行為を企てている二人の生徒をカウンセリングルームへ呼び、やさしく話を聴いていく。「前からじっくり君たちと話をしたいと思ってたんだ」「二人ともつらかったんだ、詳しく話してくれないか」「それはつらいよね」などの共感的な応答が続き、やがて二人の生徒は「先生一人だけでも、おれたちのくやしい気持ち、殴りたい気持ちをわかってくれたから、もういいよ」と、気持ちを和らげて、一件落着する展開となっている。ここでは問題の発端となった教師たちはまるごと免罪され、生徒たちの怒りだけがなだめられている。この例にみられるように、カウンセリングの手法は、本人を周囲の関係から切り離して変化させ、相手の感情を効果的になだめて、現状を維持する役割を担っている。傾聴が管理の手段になっていると先に述べたのは、このような意味である。これは一見対等とみえる、強力な管理手法である。

中島浩らは、学校でカウンセリングが歓迎されるとしたら、生徒の主体性を重んじる云々といったことよりも、どの方法が生徒を管理するうえで有効か、といった視点からであると指摘している。従来のハードな管理技術に代わってカウンセリング・マインドが浸透していくのではなく、生徒の持ち味や問題によってハードで直接的な方法と、ソフトで間接的な手法を使い分けるかたちで浸透していくのであろうという意味である（日本社会臨床学会編『学校カウンセリングと心理テストを問う』影書房、一九九五年）。

カウンセリング・マインドという概念と技法が教員研修などをとおして学校に広まったのは、スクールカウンセラーの学校導入より早く、一九八〇年代前半のことであった。そのきっかけは、当時中学校を中心として全国に吹き荒れた「校内暴力」と呼ばれる生徒たちの行動であった。当時、東京都の場合でいえば、教師を対象としたカウンセリング研修の予算が組まれたのは一九八二年頃で、その後予算は毎年増えて、全教師への研修がめざされた。養成講座は初級、中級、上級の三つのコースが用意され、上級の受講者は厳密な選考を経て、教師カウンセラーの指導的立場になっていった。

しかし学校現場に現われる子どもたちの「問題行動」は、ますます複雑化して広がり、カウンセリング・マインドという新たな間接的上下関係による手法は通用しなかった。それというのも、管理の手法は違っても、子どもと教師の関係は基本的に変わらなかったし、学校のもつ意味が時代のなかで大きく変わってきたことへの真剣な対応がなされなかったからである。その事態のなかで今度は、先に述べたスクールカウンセラーの導入が、一九九五年に始まったのである。その当時は、あたかも学校の救世主であるかのように話題をさらったスクールカウンセリングであったが、これが現在の学校の問題を解決するという期待は幻想に終わるであろう。なぜならこの手法こそ、おとなによって期待され望まれる答えを子どもが「自発的に」当てることを課題としており、間接的な上下関係を基本とするその操作方法の無礼や欺瞞を、子どもたちが暗黙のうちに忌避するに違いないからである。

●安心な居場所のために

かつて、おとなの労働の場のまわりに、子どもたちがいた。おとなたちは忙しく働きながら、「じゃまだ、あっちへ行っていろ」「けんかしないで遊べ」「仕事を手伝え」などと乱暴に命令したものだ。しかし、それらの言動がおとなの生活の必然だということは、子どもの目に明らかだった。だからこそ、子どもは生活の事実に則しておとなの都合を理解し、渋々ではあれ、その言い分を納得もしていた。

しかしいま、学校に関するおとなの命令を、子どもは納得していない。おとなが正直ではないからだ。学校は子どもをおとな社会の都合で振り分け、下位に置かれた者の不利益を、「学校で努力しなかったから」という理由で合理化し、事実を抽象的な言葉で覆い隠しつづけているからである。

おとなと子どもの上下関係など、あたりまえのことだといわれればそのとおりかもしれない。しかしそれが通用するための条件、子どもが納得するための必然性は必要だ。その素朴な関係が失われているのが現在である。学校の長い歴史のなかでしだいにねじれの大きくなった子どもとおとなの関係を脱し、人と人の関係の原点になんとか立ち戻る必要がある。

学校という場はいま、子ども管理・操作の小細工であふれかえってしまった。そのような場で、子どもの学校離れは止まるはずがない。学校が自分たちの安全な居場所と感じられない限りは、そこに意味を見いだすことができないからだ。

学校が人の評価・選別の機能をもってしまっている現実を、いますぐに変えることはできないだろう。しかし一方で、学校はまぎれもなく人が集まり、出会い、過ごす、偶然にみちた生活の場であるという事実に目を向けることは、いますぐにでもできる。学校に通う子どもたちは、いつでもその事実からの出発をしたがっている。子どもと子ども、子どもとおとなのあいだに仲間意識が存在する場。人と人との関係は捨てたものではないと思える場。その実現のために必要なものは何であろうか。それは、人の関係につきものの、時間と偶然の意味の大きさを自覚し、まず学校を、時間的空間的にゆるみの多い場にしていくことへの確信と決意を、私たちおとながもつことである。そこから、子どもとおとなの関係変革の一歩がようやく始まるだろう。

第3章　学校のなかで子どもどうしが生きる社会

1　学校の荒れの背後で

現在、学校現場ではさまざまな混乱が起こっている。「いじめ」にまつわる事件はやむこともなく、「不登校」の数は増加傾向をたどり、「学級崩壊」や「学校崩壊」等の現象もマスコミを通じてさかんに報道されている。しかし、これらの一つひとつの現象はいつも「いじめ」問題、あるいは「非行」問題、「不登校」問題などという一定の枠の中にくくられ、そのことによって私たちは、かえってそれぞれの背後にある個別具体的な問題を見失い、何が問題の根元であるかがわかりにくくなってはいないだろうか。

いや、それ以前のところで、個別具体的な問題を扱っていこうとするうえで重要となる要素を置き忘れてはこなかっただろうか。その要素とは何か。それは、子どもたちが見せるさまざまな行動のほとんどが、子どもたちどうしが築いている関係を背景にもつという事実である。子どもたちの問題を考えるとき、私たちは常にこの子どもたちどうしが築いている関係性を視野に入れていく必要がある。ただし、この関係性にはおとなが介在しない。おとなが介在しえないがゆえに、本来おとなには見えにくいものとしてある。いや、おとなである私たちが、その関係性を見ようとすればするほど見えてこない。そういうパラドックスを含んでいる。

しかし、そのことを承知のうえで、私たちは子どもたちが生きている生活世界をベースにおいて、彼らのさまざまな行動を見ていく努力を重ねなければならない。そうすることで、子どもどうしの関係性につながる足がかりをどこかに見つけることができるかもしれない。

「問題行動」の背景に見える子どもたちの関係性

そうはいうものの、ただでさえ見えにくい子どもたちの関係性は学校場面ではさらに閉じられる。子どもたちどうしの関係をうかがう素材そのものがなかなか得られないこともまた、今日の学校問題の根元を見えにくくしている要因の一つである。しかしここではそのことの問題性にふれる余裕はない。ただ、そのような状況をふまえたうえで、学校のなかで子どもたちの行動がおとなたちによって「問題」とされるその場面そのものから、子どもたちの関係性が浮かび上がってくることがある。

ここでまず最初に紹介するデータは、こうした視点に立って、学校のなかで教師によって把握された子どもたちの「問題行動」を、子どもたち自身が生きている生活におきなおしてとらえようとした試みである。

いわゆる困難校と呼ばれているある中学校では、生徒指導上の「問題行動」として学校側が把握した事例を列挙した資料（以下、資料とする）が作成されている。この資料には、問題行動の起きた日付、その内容、場所、これにかかわった生徒の学年、クラス、氏名、性別、人数が記載されている。たとえば、「〇〇年四月二〇日／喫煙／三F男子トイレ／二—一W男、二—二X男、二—三Y男／三名」といった記述がある（表3—1参照）。この資料は、学校では「問題行動」がいつ、誰によってなされたのかということを時系列で記録し、教育委員会に報告する基礎データであり、もともと生徒たちの理解はもとより、生徒たちの関係性をみようとした資料ではない。しかしこの資料をトータルにながめ整理していくと、そこに生徒どうしのある関係性が浮かび上がってくる。

「関係性」を分析する

試みに過去四年度にわたって記録された「問題行動」を一覧してみる。その総件数をそのまま羅列すれば、第一年度（六月～三月）一九二件、第二年度二一八件、第三年度二六六件、第四年度一四五件で、合計八二一件となっている。この羅列された事例を、まずは十六の項目にわけ、それらを、a学校活動に直接かかわらない問題行動、b学校活動にかかわる問題行動、c学校間の抗争、に分類した。ここでの数値

表3-1　元の資料（一部）

月日	問題行動	場所	生徒
4月20日	喫煙	3F男子トイレ	2—1W男、2—2X男、2—3Y男
4月27日	対教師暴力	3—1教室	3—1T男→A先生
5月 7日	暴力行為	校門付近	3—2U男→3—2V男
5月14日	万引き	スーパー	2—1W男
5月21日	エスケープ		2—1W男、2—1Z男
5月28日	喫煙	下校時	2—1W男、2—1Z男
⋮	⋮	⋮	⋮
⋮	⋮	⋮	⋮
⋮	⋮	⋮	⋮

は「問題行動」の件数を一件として扱っていて、その行動にかかわった人数の総数を表わすものではない。つまり、同時に三人の子どもが喫煙をしていたとしても件数としては一件という扱いになる。

こうしてみると単独ではなく集団でやっているものが圧倒的に多い。単独での「問題行動」は全体件数八二一件のうち、二六九件である。つまり単独行為数は約三三％にとどまり、約六七％の「問題行動」は集団で行なわれている。これは件数での比率であるが、関与した子どもたちの数で比べれば集団での行動が少なくとも四倍以上に及ぶことになる（表３―２）。

単独の「問題行動」が少なく、集団での「問題行動」が多いということは、その行動のよし悪しは別として、彼らがその仲間うちでなんらかの「関係性」を築いているということを表わしている。「問題行動」といわれる行動のほとんどは、単に子ども個人の問題の表われではない。それは子どもたちどうしが学校の場でつくりあげている関係の所産なのである。そこには支配し支配される関係、頼り頼られる関係、好み好まれる関係、いじめいじ

表3-2　単独行為数と全体件数

分類記号		項目	単独行為数	全体件数
a	1	万引き	6	20
	2	その他窃盗行為	4	31
	3	たばこ	51	169
	4	飲酒	1	5
	5	シンナー類吸引	0	11
	6	無免許運転	11	24
	7	侵入行為	2	19
	8	その他	0	4
		小計	75	283
b	9	生徒間暴力	77	148
	10	対教師暴力	33	67
	11	器物破損	15	48
	12	授業妨害	7	15
	13	授業エスケープ	16	74
	14	家出等	26	46
	15	その他	18	103
		小計	192	501
c	16	他校訪問等	2	37
		合計	269	821

められる関係…などさまざまな関係が渦巻いている。

子どもたちは学校のなかに「小社会」を形成しながら学校生活を送っている。この「小社会」は学級やクラブ、委員会等の学校生活に規定されるものもあれば、学校外での「小社会関係」つまり塾や習い事、子ども会、地域性などでの関係が学校に持ち込まれたものもある。そしてその「小社会」のなかには個々の関係性を維持させる核となる子どもが存在する。「問題行動」を起こす彼らの集団も例外ではない。「問題行動」を起こす彼らの集団が築いている関係もまた、一つの「小社会」にほかならない。

その「小社会」を見る手がかりとして、先の問題行動資料をもとにソシオグラム的な関係図を作成してみた。図3―1は、子どもどうしの関係性を見るために、複数で行なわれた「問題行動」について、誰と誰がどの程度行動を共にしているかの件数を数えて、個々の子どももどうしが一緒に行なった「問題行動」の数を相関表に示し、そこからソシオグラム的な図におこしたものである。行動件数の多い子どもでも、そのすべてを単独で行動していれば、この図には記載されないことになる。しかし結果的にみればデータのうえでは、各学年の「問題行動」件数が多かった子どもが他の子どもとの結びつきも強く、その学年で「問題行動」を起こす中心的存在であった。また図3―1では、それぞれの子どもの年間「問題行動」平均件数を分けて示している。

ここで、図中のA君について考えてみたい。A君は、学校側が学校が「荒れ」はじめたと感じるようになった年度の問題行動の中心人物だった。学校側は、彼をとりまく集団への対応にずいぶん手を焼いたらしい。A君はその後三年の二学期になって保護観察処分を受けている。

◎集団を維持する力

A君は、在学中の三年間で「問題行動」八四件を学校から摘発されている。そのうちの三五件は単独行為で、うち一五件は「対教師暴力」である。逆に、複数で行なっている行動は、「喫煙」や「エスケープ」「授業妨害」「他校訪問」等に多く、「エスケープ」「授業妨害」については、直接的にまわりの子どもへの影響も大きい。「他校訪問」というのは学校間の争いで、そこでは問題が他校の子どもにも及んでいる。また、「暴力行為」については、特定の相手を何度も攻撃するというより、むしろ標的は不特定多数

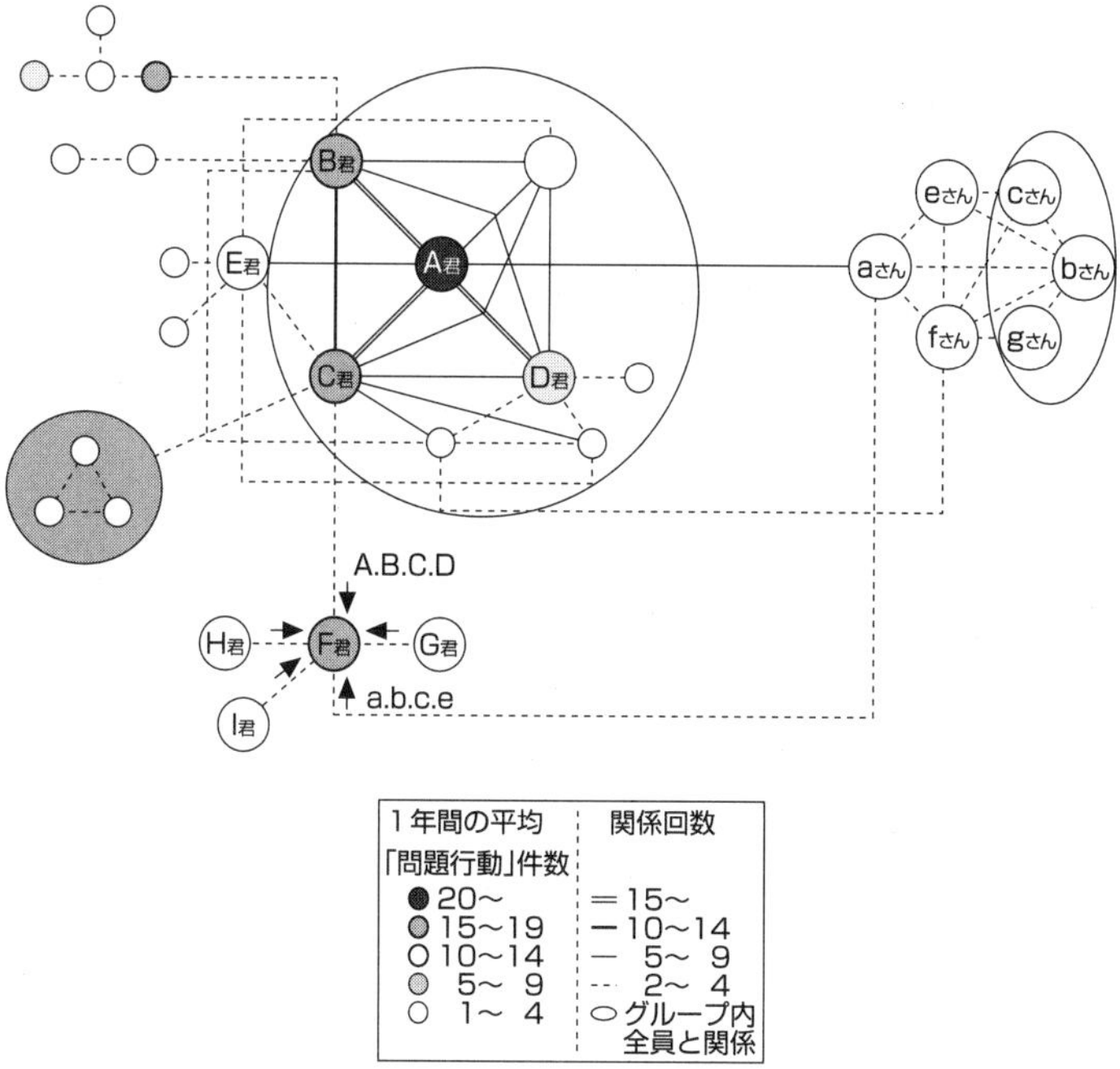

注）なお、図中Ⓕについては、被害関係を表わしている。
また、小文字は女子生徒を表わしている。

図3‒1 ソシオグラム的関係図

である。A君は二年生の十二月から一月のはじめにかけて、合計四回の「警察呼び出し」を受けている。

表3―3はA君のいる学年について「問題行動」件数の多かった子どもを、上位から五人を拾い上げたものである。このなかでもA君は問題件数が抜きんでて多い。それに次いで件数の多いB君・C君・D君・E君もそれぞれの行動のうち、A君と一緒にやったものが、B君に二二件、C君に二二件、D君に一七件、E君に七件ある。またB君、C君、E君については、A君が関与しなかった行動のほとんどが単独である。つまり、集団で行動を起こす件ではA君の関与が強い影響力をもっていた。

A君は、「問題行動」を引き起こすグループに対して影響を発揮するならない行動にはきちんと指導をしていかなくてはならないことは別のところで、A君が学校のなかでこのようなグループを形成することの意味を考えることも必要である。

「問題児」として扱われる。もちろん、学校側からすれば改めなければならない行動にはきちんと指導をしていかなくてはならない。しかし、そのこととは別のところで、A君が学校のなかでこのようなグループを形成することの意味を考えることも必要である。

表3-3　個人別問題行動件数

	生徒	3年間の総件数	A君と一緒の件数
1	A君	84	—
2	B君	42	22
3	C君	38	22
4	D君	22	17
5	E君	20	7

中学校の場合、たいていの生徒たちはそれぞれなんらかの「クラブ」に所属する。それは運動系のクラブであったり、文化系のクラブであったりする。授業が終わると、教室をとびだして、自分の所属するクラブへかけていく生徒たちをみかけることがよくある。また、学校のクラブ活動には見向きもしないで一目散に家に帰り、塾の宿題に精を出す生徒や、地域のスポーツクラブの練習に参加している生徒もいる。いずれにしても、好むと好まざるとにかかわらず、彼らにはそれぞれ放課後の居場所があり、そこですべきことが存在する。

では、A君を含む「問題行動」グループの生徒たちはどのような放課後を送っているのだろうか。彼らは、授業が終了してもまっすぐに家に帰ることは少ない。校門前で、「たむろ」をしたり、「他校訪問」をしたりして、「トラブル」を引き起こす。ただ、学校の「クラブ」からもドロップアウトをし、「進学」にも展望をもてなくなった彼らが、そのようなグループのなかに自分たちの「居場所」を求めるのは必然なのかもしれない。

A君が率いるようなグループは周囲からこれとわかりやすい「目的」をもたず、ただ一緒にいるだけの集団をつくってしまう。そのため、それは「たむろ」としてしかとらえられない。そこには、喫煙やシンナー遊びがともなうという事実も確かにある。しかし、この「たむろ」によって、かろうじてつなぎとめられている彼らの関係性があることも事実である。このことを視野に入れなければ、彼らの集団をただ特別視してしまうにとどまる。

「いじめ」の事実確認の前に

A君とは対照的に周囲から暴力行為をくり返し受けている生徒もいる。

A君と同学年のF君は、入学当初から暴行を複数回受けている（表3—4）。先の図3—1でも、そのことを示す複雑な関係が表われている。F君は、中学一年生の後半から「学校がおもしろくない」という理由で、不登校状態が続き、三年生時にはまったく学校に行かなくなっている。ただし、F君が不登校になったこととこの暴力被害の関連性は定かではない。

F君の場合に限った話ではないが、このような事実があったときに問題となるのは、これらの行為が「いじめ」と認識されたかどうかである。この点については、学校側と家庭とでしばしば把握のしかたが大きくい違い、「いじめ」があったかどうかをめぐって、学校側と被害者の家庭、加害者の家庭でトラブルが起きることも少なくない。

しかし、問題として取り上げられた行為が「いじめ」であるかどうか以前に考えておかなければならないのは、その「暴力行為」が、子どもたちのどのような関係のもとで行なわれたのかということである。ただこの子どもたちの関係性の把握こそが周囲のおとなにとって最も難しいことなのだ。そこにそもそも「いじめ」問題の根深さがある。

いじめられている子ども自身が、「いじめ」の事実をなかなか認めようとしない。自分にとってネガティブなことを誰かに話すということ自体が容易なことではない。それは「いじめ」に限ったことではない。考えてみれば、何かことが起こったときにだけ相談をする関係というのは奇妙なものである。それまでにふだんからのかかわりがあってはじめて、人は他の人に相談できる。

そうだとすれば、「いじめ」問題についても大切なのは、それが「いじめ」であるかどうかの判断よりも、当事者が自分の悩んでいることを打ち明けられる関係性をもちえていたかどうかであろう。

学校のなかで「いじめ」の問題が見え隠れするとき、教師はその事実確認や事後対応に追われてしま

表3-4　F君の「問題行動」件数

	月日	問題行動	かかわったメンバー					
1年生時	4月30日	暴行被害	G					
	5月　1日	けんか	?					
	11月17日	暴行被害	E					
	11月19日	けんか	H					
	12月10日	暴行被害	E	a	A	D	b	c
	3月16日	暴行被害	I					
	3月16日	暴行被害	a	e				
2年生時	5月　7日	暴行被害	B					

う。そしてふだんから、生徒たちの「ＳＯＳ」を見逃さないように、「心の声」に耳を傾けることが大切だといわれる。おまけに「心の声」をどのように聞くかは、教師の資質によるかのようにいわれ、教師個人の努力義務が強調されている。しかし「心の声」というのは、やはりなんらかの関係性があってはじめて聞こえてくるものである。教師の資質の向上の前に、学校空間において「心の声」を聞こえにくくしている要因はないのか、まずはそのことを検討せねばなるまい。

「学校生活」から「生活のなかにある学校」へ

これまで、ある中学校の「荒れ」の状況のなかで子どもたちが築いている人間関係のありようを、学校側が把握している「問題行動」件数の記録からみてきた。しかし、もちろん彼らが抱えている「問題」は中学生から始まり、中学卒業時には解決するというようなものではない。小学校やあるいはそれ以前になんらかの問題を抱えていた結果、たまたま中学時代に「問題行動」を起こしたのかもしれない。さらにそれは中学卒業後にも継続されていく可能性は高い。そして彼らをこれら「問題行動」へと突き動かしている背景には、複雑に絡み合った子どもたちの人間関係が存在する。この子どもたちどうしが築いている関係をどのようにみるかという議論なくしては、「問題行動」の解決は望めない。

ただ、ここで一言断っておかなければならないが、学校側資料に基づいて「問題行動」を取り上げてきたのは、その一つひとつを「悪」としてあげつらうためではない。学校側が「問題行動」とした項目のなかには異論があるものもあるし、誰にとっての「問題」なのかという視点が欠落しているように思えるものも含まれる。結果としてこうした項目設定そのものが、子どもたち一人ひとりの抱えている「困難」、その子どもたちの状況をかえって見えにくくしてしまっているようにもみえる。しかしその点についてここで論じる余裕はない。

ともあれ、ここで取り上げた「問題行動」件数は、あくまでも学校側が把握した数字であることを強調しておく。しかしこうして学校側が把握した数字だけからでも、子どもたちどうしの人間関係がそれなりに浮かび上がってくる。このうえにさらに彼らは、「問題行動」としては浮かび上がってこなかったもろもろの関係を学校のなかで生きているはずであるし、学校外で子どもたちが築いている人間関係をそこに含めれば、さらに複雑になることは、容易に想像がつく。

さらに、「いじめ」や「不登校」「非行」「自殺」などの諸問題もまた、さまざまな生活状況を抱えた子どもたちが学校において取り結んだ関係が、その背景にある。とすれば、それら諸問題への対応策は、子どもたちが生きているその関係の世界から切り離したかたちで論じられるようなものではない。

子どもたちは、単に「学校生活」を生きているのではない。生活史のなかで築いた多様な生活関係があって、そのなかに「学校生活」が含まれる。「学校生活」を切り離して考えるところから、「生活のなかにある学校」という視点へのシフトを図らねばなるまい。

2　学校のなかで子どもたちが生きるもう一つの社会——いくつかのエピソードから

先に述べたように、子どもたちはおとなの目の届かないところですでに子どもどうしの人間関係を築いている。その時の子どもたちどうしが見せあう顔は、おとなにはけっして見せない種類のものも含まれている。考えてみれば当然のことなのだが、そういった場面はおとなの目にはふれない。にもかかわらず、おとなたちは時として子どもたちの「本当の姿」を知りつくしたような気分になってしまう。このギャップが、学校現場でもいろいろなかたちで表われてくる。

たとえば、ふだんはおとなしく、「成績も優秀だったあの子」が陰で「いじめ」をしていたことが発覚したとき、教師は「なぜ、あの子が」と驚く。そして「あんなにいい子だったのに」と嘆き、「いまの子どもたちは、何を考えているのかわからない」と頭を抱える。

誤解のないようにいっておけば、教師たちがしきりに「わからない」と言うからといって、「わかろうとしていない」というわけではない。多くの教師は子どもたちを「わかろう」と日々努力している。しかし、である。先にも述べたが、子どもたちは、親や教師の知らないところですでに子どもたちどうしの関係を築いている。しかも「学校」という社会でのみ、子どもどうしの関係をもっているわけではない。そのことに気づかなければ、子どもたちの「見えている」部分だけを切りとって、評価を与えてしまうことになりかねない。それゆえに、予想されない子どもたちの姿を目のあたりにして、「わからない」ということになってしまう。

前節では、「問題行動」という枠組みでとらえられた「数値」の背後に、子どもたちどうしの関係がうごめいている事実を取り出してみた。ここでは、私が「心の教室相談員」として子どもたちとかかわるなかで垣間見た彼らの姿を通して、もう少し具体的に学校のなかの日常にせまってみたい。

◎相談員の位置づけ

文部省は一九九八年度より、スクールカウンセラー（ＳＣ）が配置されていないすべての公立中学校へ「心の教室相談員」を置くことを決めた。「心の教室相談員」は、各学校長の指揮・監督のもとに置かれる。「心の教室相談員」に従事する者は、退職した校長・教師、ＰＴＡ役員、教師をめざす者、大学生、大学院生、民生委員、児童委員などさまざまであり、活動内容も相談員の特質によって異なる。そのため、相談員の格差が大きいことや、ＳＣとの棲み分けの問題も現在の課題となっている。

ＳＣや相談員を受け入れる側の学校にもその態勢に大きな開きがある。必ずしも積極的に受け入れる姿勢を示さない学校もある。それゆえ、相談員の立場と学校側の受け入れ態勢によって、相談員の活動内容が大きく異なる。

私が勤務することになった中学校は、市内でも比較的落ち着いたとされる学校であった。なるほど、当初は、生徒たちを見ても「制服の乱れ」は少なく、すれ違うときは「おはようございます」「こんにちは」と元気に挨拶をしてくれる。それに、「茶髪」や「喫煙」「エスケープ」などの「問題行動」がほとんどない。正確にいえば、「見えている範囲」での「問題行動」はない。そのような状態の学校であったから、校長をはじめ、教師たちは「相談員」が入っても相談に行く生徒はいないだろうと思っていたようである。実際、私は最初「せっかくきてもらっても、生徒の『悩み』にのるような仕事がないよ」と言われた。

そのような状態のスタートではあったが、活動をはじめるにあたって校長、養護教諭、私のあいだで次のようなことを確認した。

①相談室を確保してもらうこと。
②教師と同様、職員室に机を配置してもらうこと。
③開室時間は、休み時間とすること。（原則として、授業中の生徒の使用は認めない。ただし、担任の許可がある場合は除く。）
④相談室には、誰でも来室できる状態にすること。

⑤主に、養護教諭と連絡をとりあい、保健室との連携を行なうこと。

以上のようなことを確認し、私の相談員としての活動はスタートした。生徒には、全校朝礼のときに「相談員のお姉さん」として週二回、学校に来ていることを紹介された。しかし、そのとき一回きりの紹介であったため、詳しい相談の時間帯や相談室の場所については一部の生徒しか知らない状態がしばらく続いた。

◎休憩所としての相談室─三人の男の子たち

J君、K君、L君は七月頃から一週間に一度、相談室に来室するようになった生徒たちである。相談室は、三年生の校舎から遠かったため彼ら以外には定期的に来室する三年生はいない。その彼らが相談室に来室するようになったのは、「選択授業」の教室が、相談室の隣にあったためである。クラスが異なるJ君、K君、L君は同じ科目を選択していた。彼らはその教室への移動の間に「休憩」をしに来るようになった。三人は地域のサッカークラブに通っていて、そのクラブでのつながりが非常に強いようであった。

相談室に入ってくるときの彼らの第一声は、「あー疲れた。休ませて」と決まっている。相談室には古いソファがあり、三人がそれぞれに寝ころぶ場所を確保する。一言も話をせずに眠ってしまうときもあるが、たいていは三人で静かではあるけれども楽しそうに話をしている。私が会話に加わることもあるが、三人で会話を楽しんでいるようなところがあるので、あまり積極的に話には入らないようにしていた。もちろん、こそこそと内緒話をしているわけではなく、私が彼らに質問をしたり、彼らが私に質問をしたりということもしばしばある。この時間帯には、当初彼ら以外に来室する生徒はおらず、事実上彼らが独占できる「休憩所」になっていた。しかし、日が経つにつれて他の生徒も来室するようになった。他の生徒が先に来室しているようなときには、少しだけ部屋をのぞいて、メンバーを確認したうえで入室するかどうかを決めているようにみえた。時には、自分たちの空間を確保するためか、相談室の内側から鍵をかけて他の生徒が入ってこられないようにしているということもあった。

彼らが相談室に来室していることは、ことのほか教師たちを驚かせた。「何をしに相談室へ行っているのか。何か悩み事でもあるのだろうか」「なぜ、彼らが？」という疑問をもった教師が多かった。教師の話によると、彼らは授業中や休み時間はどちらかというと元気に走り回っていることが多いという。また、クラスの中心ではないが、ひょうきんな彼らは場をもりあげてくれる存在であるという話も聞いた。その彼らがどのような「目的」で相談室へ来室しているのかが、教師たちには不思議だったらしい。

●目的のない場所

彼らが相談室に継続的に来るようになったのは偶然であった。彼ら三人が「かくれんぼ」をしながら、相談室の前を通りかかったのがきっかけであった。相談室のドアを開けっ放しにしていると、J君が走りながら入ってきた。「ここ、なんの部屋？　ああ相談室か。入っていいの？　ちょっと隠れさせて」。私のところに相談に来るという「目的」をもたない彼らにとっては、この偶然が結果として「継続」につながったようである。私の存在がほとんど知られておらず、相談室がどこにあるのかも知らない生徒のほうが多かった時期である。

教師にとって、私は生徒たちの「悩み」相談にのるという役割を担う相談員以外のものではない。それゆえ、「相談室に訪れる生徒」＝「悩みの相談にやってきた生徒」となる。しかし彼らは私に「相談」

をしに来たのではない。偶然に「相談室」という場所を見つけ、その場所を彼ら自身の「休憩所」として位置づけることによって、自分たちがそこにいる理由を設定したのである。それゆえに、彼らが相談室を訪れる目的と、教師が考えるそれとがズレることになる。もちろん、彼らにもそれぞれに悩みはあるだろうが、それらをはきだすことを目的として来たのではない。強いて彼らの目的をあげるとするならば、それは誰にも邪魔されることなく、相談室で休憩をすることだろう。

考えてみれば、学校のなかに「目的」をもたずにおとなと一緒にいられる場所はほとんどない。教室をはじめとして、職員室、保健室、パソコン教室……これらの部屋にはすべてなんらかの「目的」をもってしかいられない。「だらだら」とおとなと共にいられる場所が学校のなかには皆無に等しいのである。一昔前ならば、そのような場所がもう少し存在しただろう。用務員室へ行けば、「用務員のおっちゃん」がいたり、お気に入りの先生が学校当直の日をねらって、こっそり会いにいったりと。そういった場所で見せる子どもたちの「顔」は、教室で見せる「顔」とはまた違ったものである。それは「おとな」の側も同じであろう。そして、おとなと子どもが「ただ一緒にいる」という空間が学校のなかにまだ存在していた頃、おとなたちは子どもたちのいろいろな顔を見るチャンスがあった。

◎負のエネルギーを発散する子どもたち

M君、N君、O君、P君は、相談員が学校に入ったということで、「どんなやつか見に行ってやろう」と「冷やかし」に来た生徒たちであった。はじめの頃、五分間の休み時間のたびに十人くらいの団体で「ここ、何の部屋?」といってやってくる子どもたちがいた。彼らは、地域の野球チームやサッカーチームで活動しているという共通点をもっていた。M君、N君、O君、P君もそのなかにいて、やがて定期的に相談室に来るようになる。

彼らが、定期的に来室するようになったきっかけは、先のJ君、K君、L君の三人とも関係している。J君、K君、L君は、彼らにとっては学校の先輩であると同時に同じスポーツクラブに通うクラブメイトである。このスポーツクラブでは、あまり先輩―後輩の上下はないようで、相談室のなかではとても親しげに話している。

M君、N君は、地域のスポーツクラブから選抜で全国大会に出場するような生徒であった。彼らの生活はスポーツが中心だったといってもよい。運動能力に優れている彼らは、女子生徒にも人気があり、クラスのなかでは中心的な存在であった。ただ、リーダーシップをとってクラスを引っ張っていくというタイプではない。むしろ逆に彼らがやる気を出さないときの「負のエネルギー」によって、クラスの雰囲気が左右されるところが多かった。彼らは時に、特定の教師をからかったり、反抗的な態度をとったりする。教室のなかでも、彼らがほんの少しヤジを飛ばしただけで、授業の空気が一変するのである。ただ、彼らは「やりすぎる」ことはない。程度をわきまえてふざける。教師によると、彼らはそれぞれのスポーツ進学を目標としているため、「問題行動」を起こさない程度の悪ふざけしかしないという。問題行動は、進学にも大きく影響するからである。

その彼らが、相談室にやってきて時間を過ごしているというのを見て、教師たちは不審に思ったようで、相談員の私に対しては、「どうせ、だらだらするためだけに相談室に行っているのだろう」「何か悪さをしたら叱ってください」という声がしばしばかけられた。

「だらだら」の背後にあるもの

M君、N君、O君、P君も、相談という「目的」をもたずに来ていた生徒たちである。しかし、教師たちの反応はJ君、K君、L君へのものとは少し異なった。J君、K君、L君の来室には「なぜ」という反応が多く、教師たちは、彼らがどのような「悩み」を抱えているのかをしきりに聞きたがった。それに対して、M君、N君、O君、P君たちが相談室に来室していることにはあまり驚きを示さなかった。彼らが教室内で時に反抗的な態度をとることから、もともとネガティブな評価が強かったせいだろう。それに彼らが来室するようになったのは、ある程度の人数が相談室を利用するようになってからのことである。他の生徒が「相談室」を休憩室的に利用していることを知って、どうせ「だらだら」しに行っているのだろうと思っている教師が多かったようである。この「だらだら」というのは教師にとってマイナスのイメージでしかない。

学校には、授業と授業の間に五分なり、十分なりの休み時間がある。しかし学校の「休み」時間は「休憩」時間ではない。この休み時間は、次の授業の準備のための時間でもある。次の時間が移動教室の場合や、体育の授業の場合は休憩などしてはいられない。そこにさらに「ベル着」(授業開始のチャイムが鳴ったときには、自分の席についていること)などという規則があればなおさらである。授業と授業の間の時間は、生徒や教師が、積極的に「休憩」をとれる時間ではない。

それでもその少ない時間を使って、グラウンドへ出て遊び回っている生徒たちもいる。身体を動かしてストレスを発散させ、次の授業への切り替えにつなげようとするその姿はたしかに健全にみえる。また、静かに本を読んでいる生徒もいる。トイレに行く女子集団を見ることもある。なかには、そのような教室の空間が苦手で、決まって保健室にやって来る生徒もいる。どんな使い方をしようと、同じ「休み」時間である。それなりにリラックスができる時間であれば、それ以上を求めるための時間ではないはずである。

相談室に来るときのM君、N君、O君、P君はいつも疲れているように見えた。特にM君、N君は顕著だった。廊下や教室で見る顔とはまったく異なる。なぜそんなに疲れているのだろう。しばらくはその疑問が私の頭の中を支配していた。彼らが相談室で話すテーマのほとんどは、スポーツと女の子についてである。地域で表彰された話や、彼女ができた、誰かに告白された、彼女と別れたなど、そういった話ばかりだった。

彼らの生活リズムは、スポーツクラブのスケジュールが中心である。そこで毎日のように身体を動かし、疲れきって家に帰る。そして次の日の朝には学校へ行かなければならない。体力的には当然疲れるだろう。そして、学校に行くと教師たちからはリーダーシップをとってほしい存在として注目される。しかし、学校のなかでそのような役割を課せられてしまうことは、彼らにとっては負担である。その期待にはこたえられない。そうして教師の前では、「適当」にふるまうことを覚えていく。そのように「適当」にふるまう彼らに教師の期待はうすまってくる。しかし一方では、女子生徒の注目も浴び続けたい。学校のなかでも「かっこよく」ふるまう方法を見つけなければならない。教室のなかで少し粋がってみせてしまうのもうなずける。

そんな彼らが相談室を見つけた。そしてその場所はなんの役割も期待されない場所であった。とりあえず気楽にくつろげる場所だったが、それが相談室である必要はなかった。もちろん私は、そこに来たから次の時間もがんばれるなどと、相談室を美化したいわけではない。ただ、誰にでもそのような時間が必要であり、そういった場所を積極的に学校のなかにつくりだしていくことが、いま求められているのではないだろうか。Ｍ君、Ｎ君、Ｏ君、Ｐ君はただ「だらだら」しているだけだと理解するのではなく、「だらだら」の背景には彼らの生活がある。それを見ようとしなければ、よりいっそう「疲れた」顔の生徒たちが増えるだけだろう。

◎無意識下の「役割」

もう一つ、Ｍ君、Ｎ君、Ｏ君、Ｐ君について印象的なエピソードがある。彼らが相談室に来ることが定着してからの話である。

彼らの話題には、女の子の話の延長上に必ずといっていいほど「性的な話」がある。そのような話題に移るに従って、彼らが私になげかけてくる質問が増える。あるときＯ君が、にやにやしながら「ｓｅｘって日本語でどういう意味か知っているか」と尋ねてきた。まわりも私がどのように反応するかを試しているようである。そこで私が「性別」と答えると彼らは「なにそれ」と言いながら、シラケてしまった。いわゆる「性行為」としての「ｓｅｘ」の意味をどのように私が答えるのかを見たかったようである。それと同時に「性別」という意味があるということを初めて知ったようであった。たまたま英和辞典があったので、一緒に調べると「ふーん、こんな意味もあったのか」とやけに納得していた。ちょうどそのときに、ある教師が相談室に入ってきた。その瞬間に彼らは急いで辞典を閉じ、ｓｅｘの話をやめてしまったのである。そして、その教師が用事をすませて部屋をでていくとまた、性の話に花をさかせていた。

教師が入ってきたとき彼らがｓｅｘの話を突然やめたことは、私にとっては想像以上の驚きであった。学校のなかで性的な話がタブー視されている雰囲気はふだんからたしかにある。しかし、彼らが相談室に来室するようになってから、性の話はこの日に限ったことではなかったし、彼らの知らないメンバーが不意に入ってきても、それが生徒であれば、こんなふうに会話をやめることはなかった。

それに、あのとき相談室に入ってきた教師も、けっして彼らが嫌っている教師ではなかったし、いつも彼らが叱られている教師でもなかった。誤解のないよう断っておきたいが、ここで私が驚いたのは、彼らが突然やめたのが性の話だったからではない。この時は、たまたま性の話であっただけである。彼らが教師を教師としてはっきり区別して、ただ、教師が入ってきたというその事実だけで、そこにいた四人全員が前もって打ち合わせでもしていたかのように話をやめた、その態度の変化に驚いたのである。さらにそのことを無意識的に行なっているであろう彼らは、私にもその連帯意識を共有させようとしているように思えた。

私はその場面に偶然居合わせたことで、彼らが教師に見せる顔と、友達どうしにしか見せない顔との変化を垣間見ることになった。後で、彼らに話をやめた理由を聞くと、「先生の前でそんな話ができるわけがない」「当然でしょう」「そんなこともわからないの」という答えがかえってきた。

彼らは教師の前では生徒である。当然だといわれるかもしれないが、しかしそれは役割としての関係性を示すにすぎない。ここでは、M君やあるいはN君といった個々の「わたし」が「生徒」という役割の後ろに隠れてしまっている。それは教師とて同じことである。結果として学校には、教師と生徒がかかわろうとするときに、役割をはずしたかかわり方がほとんど存在しないのである。

幸か不幸か、彼らと私との関係においては役割が前面に出ることが少ない。彼らは「相談員」に悩みを話しに来たのではないから、私の前で相談者としての役割を担う必要はない。私とてそれは同じことである。相談員としての役割ではなく、ただその部屋にいる一人の「おとな」ということだけである。

そういった意味では、そこにいるのが相談員でなくてもよかったのである。何かヒマそうにその部屋の主として存在するおとなと、役割を横においておける関係性を保つことが重要なのである。こうして役割のないところで生まれる関係性のもつ意味は案外大きいのかもしれない。

生徒が教師に何か話をしようとするとき、「相談」や「用事」が前提になる。保健室にいくときは、何か症状を訴えなければならない。何か教師に報告したいことがあっても、職員室に雑談をしには入れない。いずれにしても、それぞれの役割を横においたところでのかかわりは意識的につくっていかない限り、学校では余分なこととして排除されてしまう。

「相談者」からの脱皮

Qさんは、これまで紹介した生徒たちとは違って、担任に勧められて「カウンセリング」を受けるために相談室に来室した生徒である。

担任と母親との個人懇談のときに、母親が相談したことがきっかけであった。Qさんは、学校ではまったく話をしない生徒だった。しかし家庭のなかで彼女は、特に母親に対して文句を言い、激しいトラブルが絶えないという。そして、学校でも話をできるようになってほしいというのが担任と母親の共通の願いであった。母親は、Qさんの「症状」をみてもらえるカウンセリング機関を求めていた。そこで、担任が相談員を紹介したわけである。

仲介になった担任は、教室では誰も彼女の声を聞いたことがないので、相談室に行っても何も話さないかもしれないが、とにかくお願いしますということであった。二学期に入ったある日の放課後、Qさんは初めて相談室を訪れた。

Qさんは相談室には特に納得してきたようすではなかった。担任や母親の勧めを断れなかったのである。私自身は、「教室で話せない」ということが「治さなければいけない」ような「症状」ではないので「カウンセリング」をするつもりはないということを伝えた。そしてそのうえで、相談室を家に帰る前の「休憩」場所とすることを提案し、Qさん自身が来室する意思があるかどうかを確認した。結果的には、一週間に一度、相談室に通ってみるという話になったので、「予約」というかたちをとり、彼女との時間を確保することになった。

そとからみると、これはカウンセリング風にみえるかもしれない。しかし、時間と場所の確保をしただけであって、そこで彼女とかわす会話の内容はカウンセリングとはおおよそかけ離れたものであった。しばらくは、私が話している時間のほうが圧倒的に多かったが、日が経つにつれて彼女のほうからもいろいろと話題を出すことが増えてきた。ただし、それは「症状」が改善されたということではけっしてない。回数を重ねるにつれ、私と彼女との関係に変化が生じたということにほかならない。はじめのうちは、お互いの趣味や特技の話が多かったが、徐々に一週間のできごとやその時に感じた自分の気持ちを話してくれるようにもなった。その過程のなかで、悩み相談になることもあった。

彼女が友達をつれて相談室に来たことも何度かある。そんな時、Qさんの会話量は圧倒的に少なくなり、表情もいつもより緊張している。私の問いかけに対しても二人の時に見せる反応とはまったく異なるのである。さらに相談室ではない場面で私とすれ違ったときは、まるで私とはいっさい知り合いでないかのようにふるまっていた。

ただ、そのような場面にもほんのわずかではあるが変化がみられるようになってきた。たとえば廊下などで、Qさんを含む五人ほどの生徒たちとすれ違う。そのなかには、QさんとともにRR相談室に来たR

さんも一緒だ。あとのメンバーは、私のことをQさんやRさんから聞いて知っているらしい。そのRさんが私に話しかけるようになった。そのような場面が何度かあり、私とグループとのあいだに少し関係が生まれた。頻繁に出会うわけではないので、ゆっくりと話をする機会はほとんどなかったのだが、その経過のなかで、Qさんと廊下で立ち話をしたりもできるようになったのである。

そして相談室でのかかわりは、Qさんが卒業するまで続いた。

「役割」を横におく関係

子どもが学校で見せる「顔」と家庭で見せる「顔」は異なる。それは当然のことである。もちろん、学校と家庭という場所に限らない。おとなにしても職場で見せる「顔」と家庭で見せる「顔」とは異なる。私たちは、よかれあしかれ、場面場面で異なる「顔」をもっている。そしてそれを意識的にあるいは無意識的に使い分けることで、それぞれの社会を生きているのである。このように使い分けている「顔」が、これまでに述べている「役割」ということにほかならない。

この「役割」は、本来的には「わたし」自身が主体的に使い分けることで成り立つ。そうすることで、学校での「わたし」と家庭での「わたし」とのバランスを保っている。逆にそとから与えられた「役割」ががんとしてあって、そこに「わたし」をあてはめようとすれば、このバランスが保ちにくくなってしまう。

Qさんの場合もまた、先のM君やN君と同様に、外から与えられたなんらかの「役割」に「わたし」自身をあてはめてしまっているようにみえる。たとえば、授業のなかで発表の順番がまわってくる。発表といっても、五分も十分も話をしなければいけないということではない。宿題として出ていた設問に一人一問ずつ答える程度である。そして自分の順番になったとき教室中に届くだけの声が出ない。そこでは、その解答が正解であってもなくても、「自信をもって発言する」ことが求められる。しかし、彼女が解答には「自信をもって」いたとしても、その音声が小さければ、「答えは正解なのだから、もっと自信をもって答えていいんだよ」と言われてしまう。そこでまた彼女は、教師が求めている理想的な生徒像からかけ離れていき、「教室のなかでは話せない自分」にプレッシャーを感じてしまう。自信をもった元気な生徒という「役割」のなかにとけこめない「わたし」をどんどん否定してしまう。

相談室に初めて来室したときも、私の前にいるQさんは、教師や親から「治さなければならない」「症状」をもつ「生徒」という「役割」を背負わされていた。そこには、Qさん自身の「わたし」がみられない。

私へのQさんからの言葉かけがしだいに多くなっていったのは、Qさんと私の関係が「役割」を横においたところで動きはじめたからかもしれない。教室空間を離れた「相談室」というところではじめて普通の関係が成立したのである。

相談室は相談をするために行くところ、という前提がある。教師が生徒の「悩み」を聞き出してほしいというのもそのためであろう。しかし、考えてみれば「悩み」を打ち明けるには、それなりの関係性がなくてはならない。その関係性があってはじめて、「悩み」を打ち明けるかどうかという選択肢が生まれるのである。言いかえると、ふつうの関係があるから「悩み」も相談できるということである。「悩み」が主軸となっているのではない。

一方で、廊下ですれ違うときの彼女が私の存在を否定していたのもまた、この「役割」意識が働いているからだろう。それはQさんだけではない。他の生徒たちにとっても私は「相談員」であり、その人と関係があるということは、なんらかのかたちで「悩み」を抱えている人だという意識がある。そしてそのことをQさんはよく知っている。だからこそ相談室ではふつうに築ける関係性を廊下で保つことはかえってつらいのである。衆目のもとで私と関係をもつことは、「相談者」という「役割」のなかに、再び自分の身を投じてしまうことにほかならないからである。

考えてみれば、学校のなかには、おとなと子どもとのあいだでふつうの関係を築ける空間がほとんどない。いわば日常的な対話空間が存在しないのである。これほどまでに学校のなかのコミュニケーションがゆがんでしまっている事実をみれば、そのよしあしはともあれ、「心の専門家」への期待が高くなるのもうなずける。

しかし、私は教師に期待されているようなカウンセリングの技術を持ち得ない「相談員」である。その私とQさんとの関係に変化が生じたのは、この日常的な対話空間を共有したからだといってもよい。ただ偶然に波長があっただけなのではないか、という指摘もあろう。たしかにそのとおりである。しかし、そのことは同時に、Qさんが「治されるべき」「症状」を抱えた「相談者」ではないということを証明している。

そうであるとするならば、教師であれ、相談者であれ、その「役割」を横においたところで目の前の「子ども」とどうかかわるかということを考えなければなるまい。学校のなかのコミュニケーションがゆがんでしまっている事実を真摯に受けとめるならば、いまこそ学校のなかに日常的な対話空間をいかに開いていくのかということが問われなければならない。

「アジール」としての空間を求めて

義務教育年代の子どもたちは、学校にいるだけですでに「生徒」という「役割」に身を投じている。子どもたちは「生徒」という「役割」を自ら選べる位置にはいないのだから、「役割」をぬぎすてることもできない。しかし、そのことにおとなたちが気づかぬまま、子どもたちはこの与えられた「役割」に「わたし」を押し込めようとしている。そのような姿をさまざまな場面で見聞きするにつけ、現在の学校現場でのコミュニケーションのありように疑問をもたざるをえない。

文部科学省は、「保健室を訪れる子どもたちの中には、身体面だけでなく、学習面、友人関係、家庭事情など様々な訴えを持って相談を求めてくる者も相当いる。また、内的な悩みや葛藤を言葉で表せずに、身体的な不調として訴えている場合も少なくない」（文部科学省中央教育審議会答申「新しい時代を拓く心を育てるために―次世代を育てる心を失う危機―」（抄）、平成一〇年六月三〇日）として、保健室を生徒の「心の居場所」として積極的に位置づけていく方針を示している。しかし、実際には何かの身体症状を訴えることをきっかけにしなければ、保健室に来室することは難しい。また、養護教諭として、来室したすべての生徒たちの話を聞く余裕はもてない。そんなことをしていれば、本来の養護教諭としての仕事ができなくなる。生徒たちの話に耳を傾けようとする教師ほど、「生徒の話を聞いてあげる時間がない」というジレンマを抱えている。

なぜ、生徒たちが保健室に集まるのか。私も相談員として学校現場に身を置くなかで、保健室に集まる多くの生徒たちをみてきた。養護教諭と話がしたくて、休み時間のたびに来室する生徒も数多くいた。彼らの姿をみていると、保健室を「心の居場所」と位置づけることに、どうも違和感を覚える。そもそも「心の居場所」とは何なのか。その意味は非常にあいまいである。保健室に来る生徒たちの多くは、養護教諭とのおしゃべりを求めているのだ。「役割」を限りなく横におこうとする養護教諭がいるからこそ、そこでの対話空間は心地よく、生徒たちはくり返し保健室に来室するのである。

佐々木賢は、おとなと子どもが「ただ一緒にいる」ということを「共居」という言葉で表現し、現在の学校現場に「共居」の場を広げる必要性を強調している（佐々木賢『親と教師が少し楽になる本』北斗出版、二〇〇二年）。「共居」のなかでこそ、対等のコミュニケーション関係は築けるからである。

保健室は、この「共居」の一つのありようである。現に、「ただ、保健室にいたい」という生徒たちは多い。しかし、その人数が増えれば増えるほど、保健室としての機能は果たしにくくなる。そうであるならば、保健室を特別の「心の居場所」として位置づけるのではなく、そこを対話空間を保障しうる場所のひとつとして位置づけることが必要なのではないだろうか。そのことは相談室やカウンセリングルームにも共通している。

アジールという言葉がある。そもそもアジールとは、「聖域」や「平和領域」を意味する。英語ではasylumという。これはもともとギリシア語の〈不可侵〉という語asylonに由来する。アジールという制度は人類最古の法制度の一つであり、特定の空間、人物、時間とかかわった人間が一時的に、あるいは持続的に不可侵な存在となること、あるいはその場を示している。そこから徐々に、国家権力が介在することのできない別枠の「空間」として位置づけられていった。

かつて日本には、アジールとしての特権を与えられた「縁切寺」が存在した。縁切寺は、離婚を願う女性が、草履や櫛など身につけているものを門内に投げ入れた瞬間、追っ手はその女性に手をかけることができなくなるという寺法に支えられていた。つまり、寺に駆け込むと同時に、アジール権が発生するのである。

現在でも、赤十字や外交官特権などにアジールの痕跡がみられる。時代が変わるにつれて、アジール権の現われ方も変わってくる。しかし、いずれにしても、アジールは逃げ込んで終わりではない。逃げ込んで、これまでの世界とは「無縁」になった後、さらに「次の一歩」を踏み出すためにある。江戸時代の縁切寺へ駆け込んだ女性たちもまた、次への一歩につなげるために「妻」としての「役割」を切ろうとしたのである。

1節で紹介したA君のグループの子どもたちもまた、そこにある種のアジール空間を求めていたのかもしれない。もちろんA君たちの「たむろ」がただちに「次の一歩」へつながるとは思えない。しかし、積極的にではなかったが、たむろをすることによって、ある種のアジール的空間を築きたかったのかもしれない。そう考えることで彼らの求めた関係性をそれなりに積極的な意味をもつものとしてとらえ直すことができる。

そしてそれは、A君に限らず他の子どもたちにも通じる話である。保健室にやってくる生徒たちは、単に心の居場所を求めているというより、自分なりの次の一歩を求めているのではないだろうか。そうであるならば、その空間を逃げ場としての「心の居場所」で終わらせてはいけない。おとなと子どもが、ある決まった役割のなかで対峙するのではなく、ただ一緒にいるという空間を学校の内に、またそとにつくりだしていくこと、そのことがこのアジールの創出につながる。そうした意味で、強いられた「役割」との縁を積極的に切るための「アジール」としての空間づくりがいま、求められているのではないだろうか。

第Ⅱ部

学校のそとで生きる子どもたち
——変動のなかの学校と社会

子どもたちと学校との関係に亀裂が生じ、その幅が年を追うごとに広がりを増している。どこから、そしてなぜ両者の乖離現象が生じたのか。これまで、主として学校という場に目を据えて、子どもと教師の関係のあり方や子どもどうしの関係のあり方、そのコミュニケーションスタイルについて考察をめぐらし、学校が子どもたちとの関係を再構築していく道筋を考えてきた。

第Ⅱ部では学校という枠組みを越え、学校外部の動きと絡めて、子どもたちと学校との距離を埋めていく可能性を模索する。子どもたちの生活は学校の内部で完結しているわけではない。彼らは、地域社会のなかに生きる生活者である。学校外の生活を紛れもなく学校に持ち込んでいる。ややもすると、学校の問題は学校という場に限定して語られる傾向があるが、社会全般から小さな地域社会までの現実を包括的に考慮してこそ、はじめて学校の全体像が浮かび上がってくる。

子どもたちをめぐって、学校のそとで生起しているさまざまな動きが、どのようなかたちで子どもと教師との関係に影響を及ぼしているか、そして子どもたちがどのような関係を築いているかを描き出し、学校のそとからのインプットが、関係の再構築に向けて一つの確かな手がかりとなりうることを提示したい。

第4章　学校のそとの世界の変化と子どもたち

1　反ゆとり教育・情報化・消費化――揺れる子どもたち

一九七〇年代半ば以降、校内暴力に始まって、いじめ、いわゆる学級崩壊と続いてきた教育現場における混乱は、複雑な社会・経済的背景をもち、冷静に分析されるべき現象である。しかし、それらは一般に、マスコミのセンセーショナルな報道ぶりもあって、「荒れる子どもたち」「荒れる学校」という表面的なとらえ方をされがちであった。さらに国は、これらの現象をもって、道徳教育や民族の伝統の復活を考えている。

しかし、実際に生の声を聞いてみると、子どもたちにとって学校は、関係の場として重要な位置を占めていることがわかる。そして子どもたちは、表面的にはどう見えるにせよ、その学校でよりよい関係をつくるべく、日夜奮闘している。あふれる情報や商業主義にさらされ、おとなの都合によるシステムの変更に振り回されながらも、自分なりに関係構築の努力を続けているのである。

◎子ども自身が語る、関係の場としての学校

学校との関係について、中学生が実際に語ったことを、ここにいくつか列記してみよう。まず最初は友だちどうしの関係についてふれた発言をあげる。

- ●学校が楽しいかどうかは、友人で決まる。いい友人がいれば、学校は楽しい
- ●学校は友人と会うところ
- ●お昼休みが一番楽しい
- ●友だちとパンを買いに行くのが楽しい
- ●隣に座っている人といい関係にある時は、授業中が楽しい
- ●いい友人は、まあできたと思う
- ●嫌な友人もいるが、仕方がない。そういう子には、かかわらないようにしている

また学校集団や教師については、こんな発言がある。

- ●能力ごとのクラス編成になると、学習の効率は上がるかもしれないが、周囲が似たような人ばかりになってしまう
- ●学級はあったほうがいい
- ●自分が落ちつける場所がないと困る
- ●学級がないと、自分の席がなくて眠る場所がない
- ●嫌なクラスになった時は、ないほうがいいと思う
- ●学級は、強い人たちと弱い人たちに別れてしまうのが難点だ
- ●学校は勉強するところ。そして、プラス・アルファの知識を得るところ。無駄話の中で学ぶことも多いから
- ●先生は生徒を、呼び捨てにしないでほしい

●意味もなく厳しくする先生や、偉そうにする先生は嫌だ。別に偉くないんだから
●よく話を聞いてくれる先生が好きだ

子どもたちは学校での勉強などより、その場での人どうしの関係に目を向けていることがよくわかる。しかし、いま教育現場は、子どもたちが最も重視している関係の問題など、議論の俎上にも上らない状況にある。それは、公立学校の週五日制の導入と新学習指導要領の実施による、ゆとり教育に対する不安が渦巻いているからである。

◎反ゆとり教育の大波

二〇〇二年四月、新学習指導要領が実施され、いわゆる「ゆとり教育」が正式にスタートした。しかし、このゆとり教育はスタート前に批判の嵐にさらされ、スタート時にはすでに、反ゆとり教育のほうが勢いを得ているという、異常で滑稽な事態になっている。そのうえ、ゆとり教育を推進するはずの文部科学省自体が、教科書以上の内容を教えるための手引書を作成することを認めるという混乱ぶりで、発展的教育という新語さえ生まれている。

ゆとり教育スタート前のこと、新聞に「我が校は反ゆとり教育です。土曜日も授業をします」という一面広告を打った私立校もあった。また、品川の駅を歩いていたら、天井からたくさんの旗がぶら下がっている。ただならぬ気配にびっくりして見上げてみると、その一枚一枚に、「ゆとり教育で日本が滅ぶ！」「あなたのお子さんが危ない！」などと書いてある。ある大手の塾の宣伝であった。毎日この旗の下を歩いていると、どういう気分になるのだろうか。親は、子どもの将来について不安をあおられると弱い。落ちこぼれることへの恐怖から、ここをビジネス・チャンスと狙う教育産業や一部私立校にな

びくのではないだろうか。事実、反ゆとり教育を掲げ、週六日制をアピールした私立校は、軒並み志願者を増やしたという。

この現象は一方で、日本人が学校に寄せる期待の大きさをもうかがわせる。人生は学校次第、出た大学次第という感覚は、学歴社会の頂点は過ぎたとはいえ、そう簡単には消えない。現に、少なくとも職業生活の入り口のところでは、学歴がものをいう面も否めないからである。長い人生、ましてや経済情勢も流動的な今日、最初の就職活動の結果がすべてではないという現実も、つい見落とされがちである。

反ゆとり教育は、要するにエリート教育志向である。少子化で子どもの数が減っていて、大学にも入りやすくなっているからこそ、少数の難関大学をめざしてしのぎを削りたいという気持ちになるのだろう。筆者の下の子は高校生なのだが、保護者会に出席すると毎回のように、「昨年度の大学進学率は？」「どの大学にどのくらい入ったか」と聞く親がいる。まるで、その高校の位置次第でわが子の人生が決まるかのような、深刻な表情だ。

また、親も教師も学力低下問題への対応で目一杯で、教育上の理念など考えている余地もない。少し前までは、生活科の充実や総合学習の開始に期待がかけられているかにみえたが、いまや、教育現場はかつてないほど学力への関心一色といっても過言ではない。教育問題とは学力問題がすべてであって、本書がテーマとしている「関係」の問題など、俎上にも上らないのが現実である。

その結果、今までは何とか存在しえた理想を語る人間は肩身が狭くなり、身もフタもない本音がまかり通るようになった。塾講師が書いた、公立小・中学校から東大に入るためのハウ・ツー本が、「救国の書」というキャッチ・コピーで売り出されているほどだ。

本来は休みであるはずの土曜の補習に、受験指導のプロである塾講師を招くに至って、教師と子どもとの関係はどうなっていくのだろうか。人間関係を通じてしか伝わらないものはないのか。受験産業のむきだしの論理が入り込んでくるとき、教師と子どもとの関係はどう変化していくのだろう。

◎不安に拍車をかける階層分化論

このような親の不安に拍車をかけているのが、「日本社会は階層分化している」という主張である。もちろん、生活や仕事で忙しい人々が、階層分化について深く思いをめぐらせるのは難しいだろう。しかし、テレビのニュースや情報番組、ワイドショーなどで小耳にはさむ断片的な情報からも、階層分化を是認するような社会の雰囲気が感じられる。事実、新聞の教育特集などには、不安にかられた声がたくさん寄せられている。

そして、階層分化の鍵となるのが教育、というよりも出身校ということになっている。本来、階層のようなものは、出身校だけで決まる性質のものではない。そもそも、その程度の階層というものが日本にあるのかどうかさえ疑問である。評論家の大塚英志は、「上流と言っても、しょせんはサラリーマンの息子がサラリーマンになるだけの話」という趣旨のことを述べている（大塚英志「エリート幻想の正体」『論争・中流崩壊』中公新書ラクレ、二〇〇一年）。

しかも、じつは社会の底流で、価値観はかなり多様化してきているのである。キャリア官僚や社長の犯罪、地位ある人のあっけない転落の数々は、幸せがそんなに単純なものではないことを広く知らしめた。

また、成熟社会で人々の意識に大きな比重を占める男女関係において、異性をひきつけるのに必要なさまざまな能力は、偏差値の高さとは必ずしも比例しない。モテない学校秀才もたくさん存在する。センスがものをいう時代なのだ。自分をじょうずにプロデュースし、周囲とじょうずにコミュニケーションしてよい雰囲気をつくり、自他共に幸せを創造していく力は、学力とは違う。学力だけが幸せを手に入れる唯一の道だと考えるのは、幻想にすぎない。

紆余曲折を経て、日本社会はそれを少しずつ理解しはじめたところだった。「心の偏差値」という言葉が人々の心をとらえたのは、つい最近のことである。それが、ゆとり教育への不安で一気に吹き飛んでしまったかたちだ。日本社会はいま、教育をめぐって異常な心理状態にあるといっても過言ではない。

前にも述べたように社会の底流では、じつは価値観の多様化が進行している。それが、ゆとり教育への不安一つでここまで暴走してしまったのはなぜか。それは、落ちこぼれるのも自己責任という方向に国が政策転換したことを、人々が敏感に感じとったことに加えて、社会システムが価値観の多様化に対応できないことも関係しているのではないだろうか。

たとえば、司法制度改革。予備校システムをとおして受験秀才が合格する、昨今の司法試験のあり方を改革しようと法科大学院制度を構想しても、すぐに予備校がそれに対応して、ますます競争が激しくなる。さらに、法学部をもつ大学が、生き残りをかけて参入してきて、いっそうの混乱を招く。法律家をめざす多様な道をつくろうとしても、不思議な力学が働いて、結果として競争は激化するばかり。意識は多様化してきているのに、主婦や社会人から法律家をめざすことは相変わらず難しい。結局は、いい大学に入っておくに越したことはないということになってしまう。これでは現状はよくならない。改革にならないのである。

◎問題の経済的背景とぷちナショナリズム

このように、人々の心理が反ゆとり教育へ一気に傾いた背景には、経済システムの転換が生活に及ぼす影響への不安がある。いまや誰しもが、雇用形態の多様化やリストラ解雇が、じわじわと迫ってくる実感をもっているのではないか。まさに、教育問題は経済問題なのである。

いわゆる「学級崩壊」問題の背景の一つに親の経済問題があると、現場の教師から聞いたことがある。特に男の子は、親の仕事をめぐる状況の悪化に敏感に反応する。親の姿に将来の自分を重ね合わせ、そこに希望を見いだせないと荒れるそうである。将来に夢や希望をもてない子どもは、居場所がないと感じる。居場所があるかどうかは、人間にとって死活問題である。社会に居場所のないような状態に置かれた親をみて、自分もまた居場所がないと感じるのだろうか。

一方の親は、子どもが社会に居場所がない人間にならないよう、不安にかられて教育に気を配り、塾に通わせ、学校に補習を求める。つまり親も子も、居場所のなくなる不安にさいなまれているのである。

ところで、この居場所のなくなる不安が、最近の新国家主義的傾向に通じていると、精神科医の香山リカが指摘している（香山リカ『「ぷちナショナリズム」症候群』中公新書ラクレ、二〇〇二年）。そしてこれを、「とりあえずの居場所探し」だと述べている。

この原稿を書いているいま、ヒット中の映画「凶気の桜」は、十代に人気の俳優・窪塚洋介さんが企画参加し、主演している作品。白い戦闘服を着た坊主頭の三人組が、右翼の組長に可愛がられ、抗争に参加していく話である。しかも、舞台は渋谷。このアンバランスがいまの気分なのである。主題歌を歌っているのは、キングギドラというラップ・グループ。新曲のタイトルは「最終兵器」である。

こういう映画を観に行く若者たちの心理を、従来の問題意識ではかるのは難しい。香山の「とりあえずの居場所探し」という分析は、非常に説得力がある。どこにも居場所がないという感覚は、いわゆる優等生も含めて、かなり広く蔓延しているのではないだろうか。カルトの次はぷちナショナリズムか。

東京で数年前、成績優秀な女子中学生が、二学期を前にして、同級生に毒を送付するという事件があった。官僚の父親から、成績のことで追い詰められた挙げ句、学級委員になれるかどうかという不安からとった行動だった。少女は少女なりに、居場所のなくなる不安にさいなまれていたのである。

理想をいえば、学校は家庭や地域とともに、いわば公共性をもった中間集団として、子どもたちの健全な社会性を育むべき場所である。しかし、慶応大学の小熊英二は、子どもたちが育つ過程で、そのような中間集団の公共性を体験できなかったことが、近年の新国家主義的傾向の背景にあると、常々分析している（たとえば「現代ナショナリズムの構造とゆらぎ」『世界』一九九八年十二月号）。

香山と小熊の視点は、今の子どもたちについて考えるうえで、大きな示唆を与えてくれる。いま、子どもたちはよりよい関係を求めて揺れていると考えるべきだろう。

◎進展する情報化と消費化

最後に、子どもをめぐる関係の問題を考えるにあたって、どうしても忘れてはならないのは情報化と消費化である。

いまや、その料金の支払いによる負担で、ＣＤや衣料品の売り上げを圧迫するまでに至った携帯電話の普及は、親子関係も友人関係も劇的に変えてしまった。家にいる時ももちろん携帯電話にかけるわけだから、親の目を気にする必要もない。子どもたちの携帯コミュニケーションは、深夜まで続く。親はもはや、子どもの人間関係を把握することはできない。風通しのいい関係を構築しておかないと、子どもをとりまく関係について知る術がないのである。

一方、親にしてみれば、学校に行っている子どもと、いつでも連絡がとれるという便利さもある。特に携帯メールが普及してからは、連絡がじつに容易になった。メールを入れておけば、お昼休みに返事が返ってくるのである。この便利さには、親もすっかりはまっている。

授業参観の最中にも、親の携帯電話がひっきりなしに鳴る。先生もあきらめ顔だ。田中耕一さんのノーベル賞受賞記者会見の最中にも、携帯電話がかかってきた。奥さんからの電話だったらしいのだが、会見中に出てもそれほど違和感がなかった。携帯電話がかかってきたらしようがない、という感覚になりつつある。喫茶店で人と会っていても、いま目の前にいる人より、電話をかけてきた人のほうが優先される。

最近はおとなでも、会議中にひっきりなしに携帯メールを打っていることがあるぐらいだ。街中でも電車のなかでも、ふと見ると、ほぼ全員が携帯電話を見つめていることがある。それは恐いぐらい奇妙な光景である。大人の常識さえ変わってきているのだから、子どもに振り回されるなといっても難しいだろう。

一方、消費化のほうはいよいよ勢いづいている。日本人はブランドが好きである。最近銀座にエルメスがオープンしたときは、徹夜組も出た。バブル期に過熱したブランド志向は、今やそれを凌駕して定着。主な百貨店の一階は、ほとんど海外ブランドにスペースを貸しているといっていいぐらいである。

マスコミは連日、それらの最新情報やお買い得情報を流し続け、多くの人々がそれを当然のように受け取っている。かつては海外にまで買いに行かなくてはならなかったブランド品も、いまは日本にいて簡単に手に入る。ブランド品を持っているのは当然なのである。

バブルの頃に女子大生でブランドに親しんだ世代が、もはや高校生の子どもをもつ年齢になり、ブランドとともに日常生活を送っている。そういった世代に向けに、次々に女性誌も誕生している。最近では「ＳＴＯＲＹ」がそれで、ブランド好き三十代向け女性誌「ＶＥＲＹ」を卒業した四十代向けに創刊された。キーワードは「おしゃれを諦めない」こと。そんな世代が、娘と仲良くブランド・ショッピングを楽しむ。これがいまの仲良し母子である。

子どもたちは、ありあまる商品情報とコミュニケーション・ツールに囲まれて、日々を生きている。もはや解散してしまったが、デビュー当時メンバーに小学生がいたことで話題になったアイドル・グループ「ＳＰＥＥＤ」の登場で、ファッション情報は小学生にまで低年齢化した。流行と無縁なのんきな子ども時代は、もはや消滅してしまった。

子ども向け化粧品も当然のように消費されている。それを抵抗なく受け入れる親も少なくない。市場経済的価値観に合わせた容姿の商品化もどんどん進み、親子で美容整形外科を訪れる風景もふつうになった。自然美よりも、手を加えた人工美が称えられる。いまや、眉毛を整えていない高校生は、男子でも相手にされない。甲子園球児でさえ、眉毛をきりりと整えている。

こうして、市場経済の論理が生活の隅々にまで入り込み、何もかもが商品化されている。自然体で人気沸騰の田中耕一さんのキャラクターまで、メディアのなかでどんどん増幅され、消費されていく。子どもたちはいま、情報化と消費化のこのような渦の中に投げ込まれているのである。

◎日本社会における関係の現状

では前記の要因によって、具体的にいま、子どもたちをめぐる関係はどのような様相を呈しているのだろうか。

関心と話題の細分化

いまや人々の関心や話題は、細分化する一方である。これはふつう、価値観の多様化といわれているが、システム整備の遅れもあって、生き方の多様化は意識ほど進んではいない。実際に進行しているのは、関心や話題の細分化なのである。極端にいえば、自分と趣味の違う人間は、いないがごとくである。

これが、一般に公共性の消滅と受け取られている現象である。たとえば、車内やファーストフード店で平気でメークをする少女たちは、違う感覚をもっている人＝自分たちを批判する人の視線など、気にもかけない。

しかしこれは、以前は存在した公共性が消滅したのではない。日本では伝統的に、「世間」が公共性の代替物として機能してきた。その「世間」のとらえ方が、変わったとみるべきであろう。彼女たちが強気でいる背景には、情報化と消費化の爆発的進行による人間関係の変化がある。もはや、自然発生的な「世間」意識に依存することはできない。

システム依存社会──はみだすことが不可能に

もう一つ、個性化と多様化の掛け声とは裏腹に、多様な生き方を選びとることに、以前よりもパワーが必要になっている。これは、私たちの生きる社会が非常に整備された、システム依存的なものになっているからである。たとえば前にもふれたが、いま弁護士になるのは、むだなくじょうずに受験勉強をしてきたタイプが多く、個性派は非常に少ない。これは司法試験の予備校システムが完璧に整備されたからである。

また、かつては人生を教えてくれるおもしろい人がいた予備校でも、いまは偏差値の高い人間が講師になっている。予備校講師になるための倍率も非常に高く、予備校自体も日本の教育システムのなかに定位置を占めて、システムの一部になっている。どの分野でもシステムは高度に整備され、細かいところまでルール化されている。もはや、はみだし者の入り込む余地はない。

「いまここで共にいる」人との関係の希薄化―持って歩ける関係の登場

このような社会の変化は、「いまここで共にいる」人間との関係の希薄化を招いている。職場や学校で、多くの時間を共にする人間よりも、携帯電話で持って歩ける私的な関係のほうが、重要なのである。だから、いま目の前にいる人をさしおいて、携帯電話にかけてきた人を優先することになる。いまはどこの職場でも、同僚との関係が希薄になりつつあるという。

その一方で、いつでもどこでもつながるからこそ、誰ともつながれない不安・孤独感もまた、増幅されてしまう。テレビで、携帯電話がつながらない圏外にいる気持ちを、「圏外孤独」と表現した創作熟語が紹介されていたが、そういう新たな孤独感が生じていることは容易に想像できる。

また香山リカは、二〇〇三年元日の朝日新聞に、「言葉の消費期限が短くなった」と書いている。昔だったら、手紙で「好きだ」と書けば、一か月でも三か月でもそれを信じて待つことができた。しかし、今はメールを打って、すぐに返事が来ないと相手を信じられない。絶えず、「いつでもどこでも君のことを考えているよ」というメッセージを出している人しか、信じられないというのである。持って歩ける関係はまた、すぐに反応しないと途絶えてしまう関係でもある。

2　関係の場としての学校のこれから

消費化と情報化の進展にともなって、いまや教育手段はどんどん多様化している。高校の課程を経ずに、検定試験を受けて大学へ行く生き方もあるし、フリースクールも社会的に認知されてきている。勉強は塾でやると公言する子どももいるほどだ。そういうなかにあって、これからの学校に必要なのは、関係構築の場としての役割を明確にすることであろう。関係構築の場だからこそ、そこで苦しむ子どももいるし、そこに喜びを見いだす子どももいるのである。学校は、関係の場としての役割を最優先するべきではないだろうか。

高度情報社会における学校は、適正サイズの公共空間として、貴重な役割を果たしていくことが望まれる。学習の効率だけ考えれば、塾や個人学習のほうがいいかもしれない。しかし、子どもたちの多くは、それを望んでいないように思える。学校は、人と人とが出会い、共に過ごす場であることを第一に考えてこそ、これから大きな役割を果たすことができるだろう。

●いくつかの提案

このような視点からみて、今後、学校に何を期待できるかについて、私なりにいくつかの提案を行なっておこう。

消費化と情報化について学ぶ機会をもつ——いまの問題について学ぶ

子どもたちは、学校でよりよい関係をつくるために、日夜奮闘している。時にその大きな妨げになるのが、消費化と情報化である。この二つの要素は、しばしば関係を複雑にし、分断する力となるのである。

そこで、家庭科や総合学習の時間を使って、この問題を学習することを勧めたい。消費化と情報化について学ぶことは、いまの経済システムについて考えることでもある。現行の経済システムのもつ問題を直視することなしに、いまの社会について考えることはできない。また、自分の生き方について考えることもできない。

学校はいままで、主に過去について学ぶ場であった。それはもちろん学校の重要な役割であるが、これからはいまの時代が抱えている問題も学んでいく必要があるだろう。そこに、教師と生徒の対等な対話も生まれてくるのではないか。

多様な自己実現の方法を身につける機会をもつ──学校を、遊び楽しめる場に

傍若無人にふるまっているようにみえる子どもたちだが、肝心のことを伝えるのは意外にへたである。かつて礼儀作法は、型を通して自分の思いを相手に伝える役割を果たしていた。しかし、いまそれは文字どおりの伝統文化と化し、いまを生きる人間の日常には合わなくなっている。

いまは、自分を主張しなければ損だと思われている。こういう時代には、自分をじょうずに表現しなければ存在感が薄くなると、子どもたちは思い込みがちだ。そのために、不自然なまでに自分を強く見せようとしたり、過剰なファッション志向に走る。商業主義の力を借りて、自己主張しようとするのである。子どもたちにはいま、自分に合った表現スタイルを見つける機会も必要ではないだろうか。

そのためには、話すことはもちろんだが、楽器を弾いたり踊ったり、演劇をしたりすることに、小さい頃から親しむ場が必要である。また、あえて表現するものでなくても、写真や囲碁など、自分に合った趣味を見つけ、育てる機会がほしい。趣味の世界をもつことによって、外部からの評価とは違う自分の価値観を確立することができるし、アイデンティティの確立にも役立つであろう。

ただし、授業のなかに取り入れると教育的になり、評価の対象になってしまうので、同好会のような趣味の集まりにして、遊びのなかで感覚を伸ばしていけるような場がほしい。従来、学校はただ学ぶ場であって、遊びはよけいなものと考えられてきた。しかしいま、学校のなかに遊びの場をつくることが、大きな課題として浮上してきているのではないだろうか。

対話できる空間をつくる

いまの学校の構造をみると、多くは対話がしにくい形になっている。関係は対話から始まるのだが、そもそも学校は対話を前提としていないためか、無機的で居心地の悪い場所になっている。

きちんとした調査を行なったわけではないが、筆者が今まで訪れる機会をもったいくつかの学校は、ほとんど同じ構造になっていた。いかにも、知識だけ頭に入れればいいという感じの、むだも暖かみもない設計。ずらりと並んだ多くの椅子と机。何か、殺伐とさせられるものがある。最近の生徒は行儀が悪く、廊下に座り込んでいることが多いが、あれも考えようによっては、他にむだ話をするかたちがないからともいえないだろうか。

今後は学校の設計、建て方を、思いきって変えたらどうだろうか。校庭も、いかにも運動場というような機能一辺倒のようなものにするのはやめて、もっと美的な見地から考え直してほしい。半分は公園のようなものにしたらどうだろう。

いまの学校は、校門をくぐったとたんに、ロボットにでもなったような感覚にさせられる。ああいうなかでは、ゆっくり話をしようという気にはなれない。建築には思想が表われる。学校を対話型にするためには、教師の努力というソフトを生かすために、ハード面を工夫することも大切であろう。

共鳴的関係の構築――高度情報社会のなかのコミュニケーション

情報化と消費化が過度に進展したこのような社会において、おとなは子どもたちと、どのような関係を結んでいけばいいのだろうか。これについては、理解、受容、あるいはより厳しくおとなとしての権威をもってなど、さまざまな意見が出ている。しかし、いま一番求められているのは、共鳴しあう関係ではないだろうか。

オウム真理教問題について、身体の観点からユニークな分析を行なった整体師の片山洋次郎は、「現在は、新たなコミュニケーション・システムに移行する過渡期にあたる」として、共鳴しあう関係について述べている（片山洋次郎『オウムと身体』日本エディタースクール出版部、一九九五年）。

片山の主張をまとめるとこうである。「高度情報社会は脳に異常にエネルギーが集中する。そのエネルギーを発散させる方法としての「理解」や「納得」は、情報を整理するやり方としては古典的で、今日の情報スピードについていけない。その結果、体の状態そのものが不安やいらいらに陥りやすく、人間関係のバランスもとりにくくなっているのである」

「こういう現象は、家族やコミュニティーの崩壊ともつながっていて、人間が安心していられる場所がなくなってきたともいえる。しかし、適度な距離をもてば、従来の上下関係や役割関係にとらわれず、誰とでも共鳴できる関係になれる可能性がある。そういう状態は孤独ではなく、共鳴しあう関係ともいうべきものである」

つまり、従来のような熱い対話が存在しなくても、激しく関係を求めなくても、そばにいるだけで共鳴しあえる関係がありうるということである。むしろ、そういう緩やかな関係が、いまの時代には必要だという主張なのである。情報化が始まった一九八〇年代半ばから、若者たちに支持を広げた吉本ばななさんの小説に描かれているのも、こういう関係である。

そばにいるだけで共鳴しあえる関係とは、情報を媒介にしてではなく、言葉だけでもなく、一緒にいて共に時を過ごすだけで、何かを共有できるような関係である。子どもたちはいま、こういう関係を渇望しているようにみえる。

◎学校を居心地のいい場所に

学校にこういう関係を広げていくには、どうしたらいいのだろうか。それは非常に難しいことではあるが、あえていえば、学校を心地よい居場所にすることではないか。勉強だけではなく、遊ぶことのできる場、ぼうっとしている時間がもてる場、趣味を楽しめる場。そういう、勉強以外のこともできる場にしていくことが、困難な状況に置かれている学校を救い、教師を救い、子どもたちを救うことになるのではないかと思う。

関係の揺らぎは、いま日本社会が抱える最大の問題である。それが、学校のなかに集中的かつ典型的なかたちで現われているのである。これからの学校を、関係の場としてどう構築していくか。これこそ、教育改革最大の課題ではなかろうか。

ゆとり教育への不安にかられて、また教育を国際競争力の源泉とばかり考えて、学校を学力のみの窮屈な場にすることは、子どもたちにとって不幸である。また、子どもの学力ばかり気にして振り回される親も不幸である。

日本は低成長の成熟社会になった。少子高齢化で、ゆとりを楽しむ社会に変貌しつつある。競争ばかりしていても意味がない。いまは学力低下への不安のあまり、こういう基本的なことが忘れられている。

人生を豊かにするには、よりよい人間関係を周囲に構築することである。出会い系サイトの隆盛ぶりも、見方によっては、関係への渇望ということもできよう。

関係は人生を豊かにし、時として人を危機から救う。人は関係によって育まれ、幸せになる。学校は、それを知る場であるべきだ。

第5章　学校における関係の再構築に向けて

――学校のそとから考える

1　広がるズレ

学校があまりうまく機能していないという感触は、今日では一般的な共通認識であるだろう。しかし、その原因の特定となると複雑な様相を示し、論ずる者の立場によって大きく異なるというのが現実である。現在の学校システムを擁護しようとする立場に立つ者は学校外部に原因を求める傾向があるし、学校のあり方に疑問を抱く者は、直截に学校の問題点を指摘する。こうした構図が変わることなく堅持され、課題を共有することが容易でないところに教育問題の解決の難しさがあるといえる。

だが、それでも論議を重ねることの意味はあるし、そこから共通の打開策がみえてくる可能性はあるはずである。そうした考えのもとに、ここでは学校と子どもたちの関係の離反現象に焦点をあて、学校が子どもたちとの親和的な関係を再構築するための途を探ることとしたい。

これまでに打ち出されてきた数々の施策をみてみると、学校関係者の認識と子どもたちの現実とのあいだには大きなズレが感じられ、両者のあいだにあるすき間は狭まるどころか、年を追うごとに距離を広げてきたように思われる。その証拠に、一九七〇年代末に噴出した校内暴力から不登校、いじめ、そして九〇年代末からの学級崩壊現象に至るまで、学校を舞台として子どもたちは途絶えることなく違和感を表明し続けている。

たとえば、子どもたちと学校との関係不全の象徴的な現象である不登校という現象についてみてみると、一九九二年度には病気以外の理由で三十日以上学校を休んだ子どもの数は七万二千人を少し超えるほどであった。それに対して、十年後の二〇〇一年度には一四万人に迫るところまで増えている（文部科学省、平成十四年度学校基本調査、二〇〇二年）。この間の小・中学生数は一三九八四〇六六人から、一一二八八三一人となっており、十年間で二六九五二三五人も減っている。したがって、不登校者数の全体に対する比率は著しく高まっている（文部科学統計要覧平成十四年版）。

不登校に関しては、いくつかのターニングポイントともいえるできごとがあったが、そのなかでも一九九二年は画期的な年であったといえる。それまでは、文部省（現文部科学省）は特別な子ども（耐性が欠如している、分離不安、あるいは精神的な疾患がある子）が登校拒否をするとみなしていたが、専門家協力者会議の答申を受けて「どの子にも起こりうる」という見解を打ち出し、それまでのとらえ方を大幅に変えた。さらに、学校以外の〝心の居場所〟の必要性をも提言した（文部省学校不適応問題調査研究協力者会議最終報告、一九九二年）。

文部省は、特別な子どもたちが不登校をするのではなく、誰でも学校に行かなくなる可能性があるといい、学校以外の存在を容認したように思えた。そして、不登校の子どもたちと学校との関係にわずかながら関係改善への回路が通じたように感じた者も多かった。しかし、実際は学校復帰への圧力を強化するかたちで事態は進展していった。不登校がどの子にも起こりうるという認識は、子どもたちの選択を支持するのではなく、不登校の広がりに対してより幅広い対策を講じることの必要性を意味していたのである。

一九九二年以降、市町村レベルで急速に設置された適応指導教室や、一九九五年からのスクールカウンセラー事業、そのほかに心のケア相談員あるいは都道府県独自の相談員制度など、じつに多様な不登校対策が実施された。さらに、民間のフリースクールなどに通学している子どもたちをも出席扱いするという、これも一見画期的な対応策が打ち出されたが、その実態は不登校を減らすための方便にすぎなかった。なぜなら、出席扱いを認める条件として、学校復帰に向けた取り組みをしているかどうかが問われたからである。結局、柔軟化は表向きだけであった。学校はその硬直性を維持しただけであり、結果的には子どもたちの学校離れをいっそう促進するということになった。

不登校対策に象徴的にみられるように、学校が子どもたちに対する働きかけをすればするほど、彼らは学校との距離を広げていくように思える。その理由として考えられるのは、子どもたちの心情や事情を無視して表面に現われた現象を抑えることに終始していることにあると思われる。いかなる場合も、行動を起こす当事者にはそれなりの理由や根拠があるのであり、それらを無視してはどのような対策もズレを生じることは避けられないであろう。

従来の枠組みを外して、これまでとは異なるパラダイムに基づいて関係の構築化を模索しない限り、学校は子どもたちとの関係不全から脱することはできないのではないかと思われる。現代の子どもたちは、他者との関係を拒絶しているわけではない。むしろ、渇望しているといえなくもない。もしかしたら、学校が子どもたちとの関係化を拒んでいるのかもしれない。なぜなら学校に背を向けた子どもたちが、学校のそとで確実に多様な関係を結んでいるという事実があるからである。こうした事実から、学校が学ぶことができるかどうかは、学校の今後に大きな影響を及ぼすであろう。

以下に、学校のそとでの関係のありようの具体的例を記述することによって、学校のうちにおける関係再構築の手がかりを探ることとしたい。

2 関係のかたち――フリースペースから考える

雑多な空間

私は一九八七年以来、東京近郊の都市でフリースペースの運営にかかわっている。「BAKU」と名づけられたこのフリースペースは、当初不登校の子どもたちを対象としてつくられた。学校以外の場所であれば出かけることのできる子どもたちにとって、どこにも行き場がないことを痛感していた私と、同じようなことを感じていた地域住民との出会いが縁となって始められた。その後、やはり他者との交流の機会が限られている心身の障害を抱える子どもたちにも場を開放するようになった。

このフリースペースは、スタッフ全員がボランティアである。特別な理念や明確な方針もない。定期的なミーティングと必要に応じた話し合いを基準にして運営を続けてきた。そういうやり方で通してきても存続してきたのは、子どもたちにとって細かい決まりごとに縛られることなく、自由にたむろすることができる場が必要だったからであろう。

主要駅から歩いて5分ほどにあるその場所は、かつて大衆料亭であった。したがって、一般家屋とは異なり広いスペースがある。その場所を、持ち主の好意によって無償で借用できるという幸運に恵まれているため、運営のための経費も低額で抑えることができている。会費もひと家族月額二千円という安さであり、スタッフも同額を払うという特徴を有する。最近では、会費を払うことなく来る若者たちが増えているが、そうした若者たちを排除しないですむだけの鷹揚さを保てるのは、場所代と人件費がかからないという利点があるゆえである。

そこでは、じつに多くの子どもたちとおとなたちが集い、思い思いに時を過ごしている。二つある部屋の一つでは、テレビ画面に向かってゲームに熱中している者たちがいて、その脇では、おとなと一緒にトランプに興じているグループがいる。間仕切りを取り払った隣の部屋では、パソコンに向かってインターネットで何やら情報を探している子どもがいる。そして、その背後ではスタッフとひとかたまりの中学生が英語の勉強をしている。部屋の手前にある土間には、流しと調理台、卓球台と木製のテーブルと長イスが置いてある。そこではテーブルを囲んで四方山話を楽しんでいる者もいれば、ギターをかき鳴らしながら歌を口ずさんでいる者もいる。そして、誰とも交わりたくないという意志を全身で表現しながら、部屋の片隅で顔を隠すようにマンガ本を読んでいる子がいる。さらに、屋内で過ごす子どもたちだけでなく、近くの公園に行って夕方暗くなるまでサッカーなどの運動に励む子どもたちも少なくない。そんな雰囲気のなかで深刻な相談を大人にする子どもがいたりもする。

雑然とした空間のなかで、じつに多様な行動パターンで大勢の人間が過ごしているため、そこは騒音に満ちあふれている。テレビゲームの機械的な音やギターと歌い声、子どもどうしがふざけて叫び合う声、じつにさまざまな音が交錯してにぎやかな限りである。でも、誰も静かにするように注意したりはしない。

その場を一つにまとめようとすることもなく、とりとめもないように見受けられるが、スタッフは子どもたちと誠実に向かい合うことだけは忘れないでかかわり合いを続けてきた。そして年月は、確実に子どもたちとスタッフの年齢差を広げてきた。だが、世代間のギャップが大きな障壁になっていないのは、年齢や経験をかさにきた言動をせず、子どもたちと対等につきあう姿勢が保たれているからだと思われる。

●規制を設けない運営方針

このフリースペースに通う子どもたちには、誰一人として学校生活を享受している者たちはいない。なかには、断続的に登校する子どもたちもいないではないが、その多くが長期にわたって学校生活との縁を絶って過ごしている。小学校にも中学校にもまったく通うことなく、数年間フリースペースへ通って成人を迎えた子どももいるし、身体的、あるいは知的な障害を抱えているため、学校では居場所や友人関係を築く機会をもつことができないままに毎日を過ごしてきた子たちもいる。

親や教師がどんなに説得したり強要したりしても頑として動こうとせず、家から一歩も出ようともしなかった子どもたちが、入り口のシャッターを開ける一時間も前から表で待っていたり、終了時間になってもなかなか帰ろうとせず、スタッフが施錠するまでにしばらく時間をとられたりするのも見慣れた光景である。

学校で疎外感を味わってきた子どもたちが、身体を思い切り動かしたり大声を張り上げて騒いだりしているようすをみると、現代の子どもたちで最も屈託なく自由に動き回ることのできるのは、このような場所に集っている子どもたちなのではないかと思ったりすることもある。もし、彼らが学校以外の場所に身を置く選択肢をもつことができなかったとしたら、その笑顔や溌剌とした動きを見せる機会はいつ訪れたであろう。そんなことを考えると、学校のそとにこうした場所が確保されていることの重要性を痛感しないではいられない。

このスペースには、学校へ行っていないことを共通の理由とするものの、じつに多様な背景をもった子どもたちが集ってくる。家族の離散や暴力など社会の辛苦をイヤというほど味わわされて生きてきた子どもも少なくない。彼らは、特別にあついケアやサポートを必要とする状況にあるが、こういった子どもたちが、十分なケアを受けることができるほど現在の学校には余裕はない。ＢＡＫＵでは、一人だけでなく数人のスタッフが子どもの話に耳を傾けることができる。必要に応じて、中心的なスタッフが家庭へ赴き、家族とのかかわり合いをもつこともある。

いわゆる素人集団であるスタッフが、非常に複雑な事情のある子どもたちに対してできることなどたかがしれている。自分たちの力に余る子どもたちを受け入れることは無責任だという批判を受けたこともある。だが、スタッフは子どもたちがこのスペースを選ぶ限り、拒むことはせず受け入れるということをモットーにしてやってきた。さまざまな障害を抱えている子どもたちの場合、対応すべき知識もない。だが、最大の有識者である当事者自身が、スタッフに多くのことを教えてくれた。そのおかげで、破綻することもなくどうにか対応できてきた。

細かい決まりごとや方針などもなく、行き当たりばったりの無節操にも思える運営形態に、まったく迷いがなかったわけではない。明確な方針とプログラムのもとに運営する方法は、規則や社会通念の枠組みのなかで生きてきた者たちにとっては、なかなか捨てさることのできない魔力を有しているものである。しかし、学校に居場所を見いだすことができなかった子どもたちのためのスペースが、学校と同じように決まりごとや大人が絶えずリードする場になってしまっては、彼らの息苦しさを解放する手助けにはならないのではないかという思いが、一方では確実にあった。

そこで、スタッフは話し合って、細かいプログラムはつくらない、規則も設けない、そして来る者は誰でも受け入れるという大筋の枠だけを決めた。方法をならうようなモデルもなく、手探りで見いだしたそのやり方は、いまになってみると非常に理にかなっている形態だったといえる。間口を広げ、規制をしないことによってもたらされる多様性や複雑性は、スペースのエネルギーを維持、活性化するうえで大きな意味をもったといえる。そのことは、自然界における植物や動物の多様さが環境の質を決定するのとまったく同じことである。確たる財政的な裏付けもないボランティアだけによるスペースが、十五年も一定のボルテージを保ちながら維持されてきたのは、中心的な役割を果たしてきたスタッフの力量によるところが大きいのであろうが、運営形態を固定せず流動的なスタイルを保ち、常に外部からのエネルギーを補給する開放的なシステムになっていたことが、継続への力につながっているという気がする。

ただし、BAKUへ通う子どもたちが、子どもどうしあるいはおとなたちと例外なく良好な人間関係を築くわけではない。どこの社会にも存在する軋轢もある。理想郷などではけっしてない。開放的であればあるほど、複雑な問題も抱え込む。だが、それでも学校ときわめて異なるのは、管理や指導、そして排除の論理が介在しないということである。子どもたちがそこにいることを望む限り、彼らは居続けることを保証される。このことは、人や場との関係に違和感や負担感を抱いてきた子どもたちには、大きな安らぎを与え、その安心感が、場や人との関係を再構築する基盤になってきたように思う。

一九八〇年代中盤以降、全国各地に見受けられるようになったフリースクールやフリースペースは、共通の理念などに基づいて設立されたわけではなく、それぞれが独自の考え方や運営スタイルを有する。

しかし、ＢＡＫＵと同様におとなと子どもとの関係は、基本的に水平的であり、管理を重視したり規則で縛ったりしない点では似たような雰囲気を有しているといっていいであろう。統制とは無縁の個々のそうした取り組みが、学校という環境のなかで居場所を見いだすことができなかった子どもたちをひきつけているという現実を直視するならば、子どもの他者との関係のとり方に大いなる示唆を与えているように思われる。子どもたちとの関係に葛藤を続けている学校にとっては、そうした方法論は見習うべき点が少なくないであろう。

3　学校のそとから学ぶ

いびつな関係のかたち

学校のなかにおいて展開される関係は、常に垂直的であり上から下への一方的な交流形態を前提としている。文部科学省を頂点として都道府県教育委員会、地方自治体の教育委員会、それから各学校の校長、校長から教師、そして最末端に子どもたちが位置づけられる。この流れは、けっして下から上へとは向かう構造になっていない。子どもの意見によって教師たちが変化することはないし、教師の意見が学校運営に反映されることは稀である。管理職は教育委員会の顔色をうかがいながら、ただ大過なく役職を勤め上げることを至上目的とする。

教育システムのなかでは、トップと異なる意見を有し、それを表明することは非常に難しいという状況がある。教師と違った意見をもち、それを直接言葉にして表現する子どもは問題児だとみなされる恐れがあるし、職員会議などで管理職に反論をするような教師がいるとすれば、彼らは確実に問題教師のレッテルを貼られるはずである。校長などは、そもそも教育委員会や文部科学省に異論を唱えることなどありえない。そうした人物は、管理職につくことが難しい構造になっている。もちろん、こうした一般的な傾向とは違った学校や教師もあるであろう。だが、大勢はそうではない。

こうした一方通行の意思伝達のあり方は、関係のかたちとしては非常にいびつである。一方が他方からの意思伝達を遮断しながら関係を維持しようとするには無理があり、どこかで破綻をきたすことが避けられないであろう。相互交流という自然に任せた関係はインプットとアウトプットが混じり合い、情報が錯綜する可能性があり、効率的ではない。特に、トップレベルの指示を最末端にまで行き渡らせるためには、下部からの情報は遮断したほうがスムーズに意思は伝わる。しかし、意思や感情を有する存在が、それらを発露する機会を封じ込められた状態を容認し続けることは不可能であろう。どこかで、なんらかのかたちで意思は表出することになるはずである。

そのことは、この二十数年に及ぶ学校における子どもたちの行動が明らかに示している。一九七〇年代末に堰を切ったように子どもたちが学校のなかで荒れ始めたが、それは知識量の多寡によって彼らの将来を決定するような風潮の進行に対する異議申し立てであったと解することができる。偏差値という切り札を目の前にちらつかされて、学習への服従を強いられていた子どもたちの抑圧感や絶望感が、反動として教師や学校施設などに対する暴力として表現されたのである。

こうした構造のなかで表出された行動は、その原因を突き止めることより表層に現われた行動を沈静化することにエネルギーが注がれ、さらに抑えこまれてしまった。その後、途絶えることなく、子どもたちは次々と行動によって、現状に対する違和感の表明を続けているが、その内奥の叫び声にはけっして耳を傾けられることはなく、彼らは譲歩することだけを強いられてきた。したがって、蓄積した感情は鎮まることはなく、結果的には形を変えた問題を生みだしていくことにつながっている。

変わらない対応

今日、学校では不登校と学級崩壊という現象が主要な課題となっているが、これらへの対策は、基本的には一九七〇年代末の校内暴力対策と異なってはいない。子どもたちをどう学校システムに従わせるかという観点に立った対応が一貫しており、そこから脱することはなかなか難しいようである。それでは状況が好転することは当然ないわけであるが、自らの基本的な認識が疑われることはなく、過去のやり方をさらに強化しようという動きさえ生じている。二〇〇二年八月に報じられた文部科学省の不登校対策協力者会議の委員の「学校に行かなくてもいいという考えが浸透化したことが、不登校を助長している」というコメント（不登校新聞、二〇〇二年十月一日）がまさにそれであるが、こうした考えが子どもたちの学校離れにさらに拍車をかけることにつながるのは明らかである。

教室への復帰を説得された相談室登校の二人の女子生徒の自殺（二〇〇一年十一月）、担任の登校説得後にビルから飛び降りた女子生徒（二〇〇二年九月）。これらのできごとが示すように、子どもたちがけっして気軽に不登校できるような状況はないのである。子どもたちの意識と対策を講じる者とのあいだに、これだけの意識ギャップがあるとすれば、両者の関係が好転することなどありえないであろう。重要なことは、子どもたちの行動が意味するメッセージをくみ取ることであり、日常の関係のなかでは彼らの声に真摯に耳を傾けることによって、対策を練り直す柔軟性が求められているように思う。

相手の意思を配慮しないで形成される関係とは、真の意味では関係と呼ぶに値しないといえる。相互の感情や意思を交流しながら生まれてくるものこそが、関係といえるであろう。そういった意味では、そもそも学校では関係が生じにくい状況設定になっているといえる。教師が指導力を発揮し、思惑どおりにクラス運営や授業を進めたりすればするほど、子どもたちの内発的な力は封じ込められるという構図になっている。教師の権力によって統制されたクラスが理想モデルとされる限り、子どもたちは内向するか異議申し立てをするかのどちらかを選ばざるをえないであろう。

多様な情報メディアや価値基準がなかった時代には、子どもたちにとって教師の声は絶対的な意味をもっていた。だが、現代の子どもたちは、学校のそとに豊かな情報源や知識の取得手段を有している。そうした現実をふまえることなく、かつての教育的手法に基づいて子どもたちに接しても、スムーズに関係を結ぶことはできないであろう。もし、学校における人と人の関係の再構築化を真剣にめざすのであれば、学校運営者・教師はこれまでの学校中心路線からシフトし、自らが子どもたちや学校外のさまざまな動きに学ぶことが求められるのではないだろうか。

まずは、教師が知っていることを子どもたちに伝授するという、伝統的かつ根源的な方法の点検をすべきだと考える。教師の知識を伝えることによって子どもたちがそれを吸収し変化するという喜びは、ある意味では教師という職業に従事する者の特権であったであろう。しかし、教師が一方的に子どもたちに影響を与える存在としての立場に固執する限り、お互いの関係からはダイナミズムが失われる。教師は、子どもからのインプットを遮断するわけであるから、そこにはよそよそしさがつきまとわざるをえない。

無着成恭の「山びこ学校」をはじめとする、かつての優れた教育実践は知識伝授の巧緻さによって成し遂げられたというより、教師が子どもたちに真摯に向かい合い、子どもたちと共に動きかつ変化することによってもたらされた結果だったといえる。教師が揺れたり動いたりすることを恐れていては、感動も関係も生まれはしないであろう。

さらに、今日では教師が知識の所有量において子どもたちに勝っているという神話は崩壊しているといっていい。そのことは、最先端の近代テクノロジーの産物である情報機器の浸透ぶりをみれば明らかである。知識は、教師を経由しなくても、パソコンやマスメディアを通して大量にアクセスし取得することができる。コンピュータに関する知識など、子どものほうが教師を凌駕するという場面は少しもめずらしくない。そんな時代に、汲々として知識伝授の技術を高めようとしても、事態に追いつくことは容易ではあるまい。

こうした現実をふまえるならば、当然のことながら常に教える存在として位置づけられてきた教師の役割も状況に応じて変化するべきであろう。あふれるほどの情報を子どもたちがどのように処理し活用するかに対するサポートは、どれほどテクノロジーが発達しようと意義が失われることはないだろう。また、必要な情報取得の方法についても、教師の役割が増大こそすれ失われることはないと思われる。

教師が子どもとの関係において従来の教育観を転換させることによって関係再構築の可能性があるということを述べたが、学校そのものの構造を変化させることも、もう一つの可能性としてあげることができるであろう。ここでは、教育改革の具体的な方法として、学校制度の枠組みを大幅に組み替えているアメリカとイスラエルの例を取り上げてみることとする。

●さまざまな模索

アメリカでは一九六〇年代以降公教育の荒廃が叫ばれ、暴力や薬物の横行が一般的な光景となり、都市部の学校では学校内に警察官が常駐するという光景もめずらしいものではなかった。秩序の混乱は当然学力の低下にもつながった。こうした状況のなかで、多様なニーズを有し普通学級で過ごすことが困難な子どものために、七〇年代頃から、通常の学校外にオルタナティブスクールがつくられはじめた。その教育内容は、低学力や逆に高学力の場合もあるし、民族独自の文化に根ざした教育を柱にした学校、さらには妊娠や出産のために通常の学校では授業が受けにくい女子生徒のための学校など、じつに多岐にわたるオプションが備えられている。また、スポーツや芸術など特定の科目に特化したマグネットスクールも、ほぼ同じ時期に設置された。

こうした学校が、どの程度学校の秩序回復に貢献したかは不明である。おそらく期待したほどの抜本的な対策にはならなかったのであろう。なぜなら、公教育の低調ぶりに対する国家的な危機意識は強まりこそすれ、薄れることはなかったからである。現ブッシュ大統領の父親であるブッシュ元大統領は、教育改革の提言をなし、新しいアメリカの学校を構築することを訴えたし、それに続くクリントン大統領も教育問題には強い関心を示し、二〇〇〇年までに達成すべき具体的な目標を掲げ、改革を推進した。

そして、現在では教育改革の切り札としてチャータースクールが登場し、現在急速な勢いで全米に広がりつつある。一九九二年にミネソタで初めて設置されたチャータースクールは、クリントン前大統領の強力な後押しもあって、驚異的な広がりを示している。一九九二年には一校しかなかったが、十年後の二〇〇二年秋の時点で二千七百校までに増え、五七万五千人の子どもたちが学んでいるという（The Center for Education Reform<http://www.edreform.com/pubs/chglance.htm>　二〇〇二年）。現ブッシュ大統領も、チャータースクールの設置には肯定的な姿勢を示しているため、今後さらにその数を増やしていくものと思われる。

保護者や教師、あるいは地域の有志が州の認可を受けて公費によって運営するのがチャータースクールであるが、それぞれ独自の理念によって運営される。たとえば、私が一九九九年にシカゴで訪ねた二つのチャータースクールは、同じチャータースクールといっても、内容はまったく異なっており、両者を一律に論じることはできない。一つは、アラブ系財閥の基金によって運営されており、学力の向上を目的に掲げていた。そこでは、教室はわが国でみられるような、教師に対して子ども全員が一斉に向かい合うというスタイルがとられており、わが国の学校の雰囲気と似たものが感じられた。

もう一つのスクールは、市内で最も治安状態が悪い地域に建てられたものであった。三十代前半の若い二人の女性が設立者であった。彼女らは、暴力が日常的な光景であるその地域で育つ子どもたちは、それをコミュニケーションの方法として学んで成長するし、ドラッグを中心とした犯罪的な環境のなかで将来に対する意欲をもつことができないので、彼らにコミュニケーションの方法と、生きていくための希望をもてるような教育をすることを目的としていた。そこでは、通常の知育ではなく、演劇と写真撮影を二つの柱としてカリキュラムが組まれていた。

ちなみに、この学校を辞する時にタクシーを呼んだのだが、三十分以上経っても来ないので、しびれを切らして何度か催促した。だが、タクシーが来ない理由を知って、あらためて二人の女性の心意気に感じ入ったものである。その理由とは、この地域には運転手が襲われるのを恐れてタクシーを呼んでもなかなか来てくれないということだった。

どんな内容であっても、州によって五年ごとの評価を受け、存廃が決定されるというのがチャータースクールの唯一の共通点だといっていいであろう。いわば公立のフリースクールといったところであるが、このチャータースクールがアメリカの教育にどのような効果を及ぼすかは、まだ評価できる段階ではない。私が見学した二つのスクールだけをとってみても、それぞれが設立の目的を達成した場合、まったく異なる成果が現われるはずである。だから、一部で取り沙汰されるように無条件に賛美するわけにはいかないであろう。ただ、ここでいえることは、伝統的な学校の枠組みを越えた取り組みは、わが国で試みられている枠組みを固持したうえでの教育改革とは大きく異なるということである。

チャータースクールの動き以外にも、アメリカでは学校教育に依拠することなく、家庭で教育を行なうホームスクーリングの動きも広がっている。アメリカではすべての州で合法とされ、現在、家庭で学ぶホームスクーラーが百五十万人はいるといわれている。これはすべての州で合法とされ、現在、家庭で学ぶホームスクーラーが百五十万人はいるといわれている。ワシントンやオレゴンなどいくつかの州では、そのような子どもたちが地元の学校のカリキュラムを一部活用することを法律によって保障しているほどである（マラリー・メイベリー他著、秦明夫・山田達男監訳『ホームスクールの時代』東信堂、一九九七年）。

そうした活発な動きが通常の学校の外部で生じると、通常の学校も伝統的な教育手法によりかかったクラス運営はできないであろう。その外部で生じている動きを視野に入れ、調整や創造を余儀なくされることになり、結果的には通常の学校の活性化につながることが考えられる。私は、数年前短期間の滞在中に通常の小・中学校、オルタナティブスクール、それにチャータースクールを見学したが、その時に感じたことは、アメリカではもはや学校というものを固定的なイメージではとらえることができないということだった。

さらにイスラエルでは、ヘデラ・デモクラティック・スクールというフリースクールの教育方法を、公教育が取り入れる動きが始まっている。この民間のフリースクールは一九八七年に設立され、四歳から十八歳までの子ども三百五十人が通っているという。学校のなかで人権意識を身につけることを目的として運営されているが、そこでのやり方を公立の学校で研修する取り組みが一九九六年から二〇〇〇年までの四年間に百の学校でなされた。そうした取り組みの成果が評価され、二〇〇〇年からは一つの地方都市の学校すべてがこのデモクラティック・スクールのカリキュラムを取り入れる試みが始められたという（『子どもが創る　子どもと創る』ＩＤＥＣ世界フリースクール大会記録集、東京シューレ、二〇〇〇年）。

アメリカの例にしろ、イスラエルの例にしろ、学校が不変の枠組みを固持するのではなく、現実に生じている動きに反応し変化することを受け入れている。現代においては、交通網の発達や情報伝達の迅速さ、さらに消費型の社会によって世界の子どもたちの問題は共通化しており、学校が直面する問題もまたその影響を免れることはできない。そのことを考慮すれば、海外で実施されているそれらの取り組みは、わが国の教育システムにも適合する部分があるはずであり、参考にすべき点も少なくないはずである。

自由な時間と空間がもつ意味

前述の海外での動きとは異なり、わが国では学校外の動きは学校を否定するものとして異端視され、交流をもつという動きはまったくといっていいほどなされない。私がかかわっているフリースペースでも、通所している子どもの担任が、ようすを見たり聞いたりするために訪ねてくる例は稀である。まして、スタッフが学校に招かれて、運営や子どもたちとの交流のようすについて話す機会はかつて一度もない。むしろ、一貫して黙殺され続けてきたといえる。

不登校の子どもたちの居場所に対する公的助成金が交付されるという動きもわずかながらあるが、その申請条件としては、子どもたちの学校復帰に努力をしていることとなっている。学校の現状を容認し、その補完的な役割を担う場だけに恩恵を施そうという意図が明白である。多様な選択肢を用意し、さまざまなニーズをもった子どもたちが関係を結ぶ途を開こうとする民間の取り組みに踏み絵を課すようなやり方は、地域社会と学校との距離を押し広げるだけの意味しかなく、学校の現状打開につながることはけっしてないといえる。

そもそも、子どもたちが過ごす場が学校だけである必要はない。むしろ多様な場が併存することによって、学校も活力を取り戻すことができるはずである。学校嫌いの子どもたちが、のびのびと過ごすことができる空間のもつ雰囲気は、学校離れが進行している時代であればこそ、むしろそこから学ぶべき点が多いはずである。固定したプログラムと細かい決まりごと、強制された画一的な行動パターンが、子どもたちの生に対するエネルギーを停滞させていることは、フリースペースなどをのぞいてみれば一目瞭然である。生命の営みが満ちあふれた場を学校が容認することは、秩序を旨としてきた自らの存立を危うくすることを意味するが、そうしない限り変革は成し遂げられることはないのである。

「学校のなかに、フリースペースなどにみられるような交流可能な時間や空間を設けることや、学年を越えた子どもどうしの出会いの機会は、授業時間数との関係で実現できない」「教師と子どもの関係を上下関係に固定することなく対等な人間どうしとして位置づけようとすることは、教師の指導力が発揮しにくくなる」などといった言葉が返ってくることは容易に想像がつく。現状を変えることができない理由を数え上げればきりがない。しかし、実際にはできることもあるはずである。

そもそも子どもたちは、管理や指導などがなくても自らをコントロールしながら行動する能力を有しているものである。複雑なメカニズムを有する脳細胞は、おとなになってできあがるものではない。子どもたちもその細胞を絶え間なく駆使して考え、行動しているのである。彼らの思考力や判断力は、身体サイズや誕生してからの時間の短さのゆえに、過少評価されてきた。そして厳密に管理し、おとなの枠組みに沿った思考や行動を示すよう強制されるのが常であった。結果的には、彼らの判断力や思考力の発露に制限を加えることになってきたのである。彼らが「自ら学ぶ力」を身につけるのは、他者から規制されることなく、試行錯誤しながら経験を積み重ねることのできる条件が用意されたときであって、教育や指導によると考えるのは、おとなの側の幻想にすぎないといえる。

私は、以前中学生二人を含む十数人での海外旅行をしたことがある。経済的な混乱が続き、社会基盤が不安定な国への十日間弱の旅だった。毎日小刻みなスケジュールに沿っての行動だった。中学生二人をホテルでは同室にし、彼女らに対しては子どもだからといって特別な配慮はしなかった。また、その配慮の必要もなかった。朝の起床から夜の就寝まで、二人はおとなたちとまったく同じように自分たちで行動をし、よけいな気遣いをする余地はなかった。

個人的な資質もあるのかもしれないが、二人が通っている学校の方針が彼女らの行動に少なからぬ影響をもっていることも強く感じた。二人は、私立のまったく規則もなく制服もない、さらにテストもない、したがって成績評価もない学校の生徒たちである。そうした環境で数年間を過ごしていることは、当然ながら彼女たちの行動にかたちとして現われないことはなかったといえる。抑えつけられていない自由な感性は、当然のことながら世代の枠に縛られることなく、同行したおとなたちとの関係化を可能にしていた。表面的には幼さが感じられる言動がみられるものの、彼女らの態度には十分に自立した一人の人格だという思いを抱かせられた。

よきにつけ悪しきにつけ、学校がもつ影響力は甚大である。過去においては、集団の秩序を重んじるために個々人の意思を抑えることを要求し、実際に従順な子どもたちを生みだしてきた。しかし、現在ではその方法は通用しなくなっている。子どもが学校に不適応していると、学校関係者はいう。だが、実際のところは学校が子どもたちの現状に適応しきれていないというのが現実ではないだろうか。

4 関係性の転換と再構築に向けて

コーディネーターとしての教師

教育制度の導入以来、学校は知育を基盤として運営されてきた。その基本的な路線は現在に至るまで踏襲されている。しかしながら、情報機器の発達は知識の取得を学校に依存する必要度を低下させることにつながっている。特にパソコンの普及は、簡単に国境や人種を越えた交流を可能にし、いながらにしてあらゆる知識を取得可能にした。学校の知育機能は、かつてほど大きな意味をもたなくなってきた。現に、不登校の子どもたちは学校や教師を通過することなく、多くの知識を身につけ社会生活を営んでいる。学校の吸引力の低下は、こういった部分からも進行しているのである。

学校存立のパラダイムは根元的な部分から転換される必要があり、教師は知識伝授のマシンとしての役割からの脱却が求められているように思われる。学びの部分についていうならば、教師は知識伝達ではなく、膨大な質量の情報のなかにあって埋没しかねない子どもたちの知識取得の過程で、ガイド役やパイロット役を果たしたり、コーディネーターとしての役割を担うことによって、彼らの表現力を高めたり、思考を深める手助けをすることが必要になってきているのだと思われる。

以前、テレビの教育番組で、ある小学校の長期間にわたる取り組みが紹介されていた。その取り組みとは、当初は学校の裏を流れる川にどんな生物が住んでいるかということを調べるものだった。担任教師はその川について事前調査を行なっていたわけではないため、その授業の成り行きがどうなるかわかっていなかった。だから、子どもたちが持ち寄る情報に対してコメントをしたり、アドバイスをするという役割に徹するしか方法はなかった。彼は、自分が知らなかったことが多かったため、子どもたちの発見に驚いたり感動したりした。

教師のそうした反応に刺激されてか、子どもたちの関心は川に住む生物だけでなく、流れ込む生活排水や上流のようすにまで広がっていき、最終的には身近な川を中心とした環境問題にまで発展していった。こうした学習活動をふり返って、担任教師は教師としてのあり方を深く考えさせられたとコメントしていた。それまで考えていたように、教師が教えるという役割に拘泥しなくても、学びのためのお膳立てをすることによって、子どもたちが自主的かつ意欲的に取り組むことがわかったというのである。その教師はさらに続けて、そのような方法をとることは事前準備に時間をとる必要もなく、彼自身が楽になることであり、同時に学びの機会にもなったという。

総合的な学習の時間が取り入れられるだいぶん以前の話であるが、私はその取り組みを見て、教師にとってのあるべき姿を感じた。漢字を一学年の間にいくつ覚えるとか、算数の計算を何年生までにどこまでできるようにするかということが、まったく意味がないとはいわないが、優先すべきはそうした卑近な目標を設定することではなく、人や環境と主体的にまじわるためのコーディネートをすることではないかと考える。関係が形成されれば、人はひとりでに学び変化するのである。教師だけが教育技術によって子どもを変容させることができるなどといった幻想は捨てさったほうが、教師と子どもとの関係を近づけることにつながるのではないかと思われる。

教師自身にとって未知の領域へのチャレンジは、従来の常に安全圏にいて教えることだけをくり返していた身には脅威をもたらすこともあるだろう。だが、そうした教師の側の揺れは、教師自身にとってもまた学びの機会を提供してくれるはずである。学校は、子どもだけが成長する場ではなく、教師自身もまた成長を保障される場でなくては、活力は生まれてこないであろう。

そとの動きをエネルギーに

学校運営に携わる者にとっては、現在は厳しい時代だといえる。子どもたちはさまざまなかたちで、学校に対する異議申し立てをしているし、そのことに対する世間の風当たりも強い。何もかも学校の責任ででもあるかのように批判の言葉が向けられる。そうした現実に対して、学校関係者が神経を尖らせることは理解できる。しかし、子どもたちの学校離れ現象は厳然としてあり、しかも進行しているという事態から目をそらすことはできない。重要なことは自己防衛的な論議を弄するのではなく、事実を謙虚に受けとめ、そこから打開策を探ることであろう。少なくとも、これまでのように自らの変化を封印したうえでの対策を練ることからは脱することが不可欠であるように思う。

他者からの批判的な言辞をオープンに受けとめることは容易ではない。そのことは、立場にかかわらず誰でも同じである。だが、そうした批判を拒むことは、閉鎖性や独善性を助長することにつながり、活力を喪失させることになる。私は、自分がかかわっているフリースペースの多様性を、場のもつエネルギーとしてあげたが、多様性の一部には子どもたちからのスタッフに対する強烈な批判も含まれている。時には、理不尽とも思えるような言葉を突きつけられることもあるが、私たちはそうした言葉を無視したり、抑え込んだりすることを禁じてきた。どんな批判であれ、発せられた言葉のなかには真実があり、スタッフが省みなくてはならない点が含まれていると考えるからである。

一方通行的に多くのことを授けようとしてきた教師たちにとって、自らに多くを恃《たの》むことなく、他者の批判に胸襟を開き、学校という空間を子どもたちと緩やかな時間を共有すべき場にしようという考えには抵抗感が少なくないであろう。しかし、フリースペースなど学校外で伸びやかに過ごしている子どもたちの現状をふまえるならば、こうした意見に感情的に反応してすませられる事態ではなくなっているはずである。百三十年前に築かれた学校の枠組みが、いまという時代にはそぐわなくなってきている事実に謙虚に目を向け、そとの動きや部外者の指摘に胸襟を開くことこそが、打開策につながるのではないだろうか。

米国におけるホームスクーリング運動のイデオローグであるジョン・ホルトは、「家庭で教育を受けている子どもたちが地域の学校にエネルギーや熱意、知性、自己学習意欲、そして独立心をもたらすことができる」(前掲書『ホームスクールの時代』)と論じているが、同じようにそとの世界の関係のありようが、学校と教師を活性化するエネルギーを高めることができるはずである。そうなれば、学校は関係創出の場としてこれからの時代にも活力を保ちながら存続していくことができるのではないかと思う。

自由な空間を保障すること

一九五〇年代から六〇年代を小学生・中学生として過ごした身にとって、学校が現在よりいい環境だったと言い切ることはできない。子どもを一人の人間として尊重するような教師にはほとんど出会わなかったし、頭ごなしの叱責や体罰もめずらしくなかった。中学校に入ると、成績順位表が廊下に貼り出され競争心をあおられたし、三年生にもなると受験のために夏休みの間にも補習授業が行なわれた。すでに牧歌的な要素は失われつつあった。

でも、学校は嫌な場所ではなかった。むしろ通うことを楽しみさえしていた。それは、自分にとって学校がすべてではなかったからではないだろうか。多くの子どもたちにとって、放課後の生活が豊かな意味合いをもっていたように思う。むしろ、放課後の楽しみがあったから好きではない授業も持ちこたえることができた気がする。カバンを放り出すと、仲間たちと原っぱで待ち合わせさまざまな遊びに興じた。原っぱは時には誰かの家の軒下に変わったり、近所の森の中だったり、場合によっては稲を刈り取った後の田んぼであったりした。そこには年齢の枠を越えた子どもたちが集まり、一見無秩序に行動をしていた。おとなたちは、暗くなって夕食の時間にやっと声かけをする程度で、子どもたちの世界に干渉しなかった。

子どもたちにとって、学校のそとで学んだことははかりしれない。いいことばかりでなく、年上の子どもからのいじめや仲間どうしのケンカもあった。そういった負の体験も含めて、確実に子どもたちの生き生きとした生活が厳然としてあった。そのことは、学校と子どもたちとの関係だけでなく、彼らの人生全般においても重要な意味をもっていたと思われる。

教育的な価値に対する幻想が強まるにしたがって、子どもたちの世界がすべて教育的な色彩に塗り込められてしまった。そして、彼らは完全におとなの管理の枠の中に囲い込まれ、自由な時空間を失ってしまった。逃げ場をもたない子どもたちが、やがて学校で息苦しさを覚えるようになることは自然な流れだったといえるであろう。

どこにも開放的な空間を見いだすことができなくなった子どもたちに、学校ができることはそのなかに少しでも自由な場を保障することではないだろうか。知育機能が地域社会に乏しい時代には、学校が知識伝授の機会を保障することは意味があったし、それが有効に機能してきたといえる。しかし、現在は先述したとおり、学校のそとで知識を身につけるチャンスはいくらでもある。しかし、子どもどうしが自由に交流する機会は、フリースペースやフリースクールなどできわめて限定的にみられるだけである。

誰もが自分の存在価値を認めることができず、疎外感や虚無感に支配されて生きている社会は、けっして豊かな社会などではありえない。学校が人の豊かな生活の創造を目的とする場であるのならば、子どもたちが学校やそこを基軸として集う人々と多様な関係を結ぶためのサポートをすることの重要性に着目すべきだと考える。

子どもたちは、けっして他者との関係を拒んでいるのではない。そのことは、フリースペースなどにおける交流の実態をみれば明らかである。ただ現代社会では、他とつながるための回路や方法が閉ざされているだけである。そのことを考えると、多くの人々が集う学校は、かつての原っぱでみられたような多様な関係性を生みだす可能性に満ちた場であると思う。学校の知識伝授という伝統的な枠組みに執着していては、子どもたちの学校離れに歯止めをかけることはできないに違いない。学校の基本的な役割を、子どもたちのニーズに応じてシフトすることができるかどうかが、子どもたちとの関係の今後を決するといってもいいであろう。

第6章　学校と社会

1　学校病理の背景

おとなと子どもの意識の乖離

私が教師をしていた定時制高校で、一九七五年度に入学してきた生徒から荒れ始めた。授業中の立ち歩き、校庭でのしゃがみ込み、屋上から紙切れをばらまき、消火器や非常ベルのいたずら、それに加え、仲間どうしのケンカがあり、ささいなことで教師にくってかかり、トイレや教室の器物を壊した。当初は突如という感じがしたが、多少の様相の変化はあるにせよ、生徒の怠学気分はその時以来、今もずっと続いている。

校内暴力はいまでは小学校にも波及し、学級崩壊ともいわれるようになったが、当時はこれがそれほど長く続くとは誰しも考えていなかったのではないか。当時の実態を私は『学校非行』（三一書房、一九八三年）という本に書いたが、他校の教師仲間から「ウソだろう」といわれた。しかしそれ以降、同じような現象が中学校や小学校にまで及び、いじめ問題ともからみ、世界中の学校で起こりはじめている（佐々木賢「世界的な学校の荒れに思う」『軍縮』、一九九九年三月、二二一号）。

生徒たちの「荒れ」についてはさまざまな説があるが、識者の説よりも生徒の言葉を直接聞いたほうがわかりやすい。私が在職中の十数年間、授業が成り立たないとき、「自分史」をつくろうと呼びかけ、生徒に書いてもらったり、書くのが苦手な者からは直接話を聞き込んだ。その時に得た情報は当時もいまも貴重なものであり、私の考えの土台になっている。

その言葉を外部のおとなに伝えようとしたのだが、じつはこれが大変難しい。おとなの多数派に伝わらないのだ。反論ならいいのだが、賛否をいう前に、言うことの意味が伝わらない。特に教育熱心なおとなに伝わらない。これは奇怪な現象である。言葉が通じないのは、意見に反対されるより、存在を否定されたように感ずる。校内暴力や学級崩壊はこの奇怪な現象と深くかかわっていると思う。

この奇怪な現象を説明するために新聞記事を使いたい。朝日新聞が学級崩壊を詳しく報道し、その一つの特集記事で、子どもとおとなの発言を集めたものがある（一九九九年二月三日、教育欄「学級崩壊」）。この記事はやや古いが、生徒たちの気分をよく表現していると思われる。ここで、子どもとおとなの全員の発言を紹介するが、長いものは発言の一部を割愛した。

子どもの発言

A（中学二年）　小学校一年生が学級崩壊するとは驚いた。「どうしてみんな同じことしなければいけないの?」「どうして勉強しなきゃいけないの」。この小学校一年生の問いかけに完ぺきに答えられる先生、大人は本当にいるのか。ひょっとしたら小学生がこの重大な問題をなげかけているのではないか。

B（高校二年） 子どもは子どもで大変なのである。いつも大人の顔色ばっかり気にして生きていかなければならない。子どもは大人の板ばさみになって泣きそうなのだ。それが板でなく、ふわふわのクッションだったらと思う。子どもは「いい生き方」をしている大人を見て、自分も頑張ろうと思うのだ。

C（高校一年） 中学時代、数学の時間だけの学級崩壊が起こりました。教え方が悪いのが発端ですが、何よりも先生が、かなり太っていたことが大きかった。皆が気持ち悪いといっていた。教室は私語でいっぱいになりました。

D（中学三年） 学級崩壊に難しい理由なんてありません。ただ、楽しいから。子どもたちはきちんと着席して授業を受ける退屈な日常にとっぷりつかっている。当然の欲求として非日常を求め始める。ただでさえ狭い教室にアカの他人が四〇人近く詰め込まれているのだから無理もありません。

E（高校三年） 中学校のころ、皆は笑顔の仮面を身につけて先生と接していた。だってそうしないといい成績つけてくれないのですもの。仮面で本当の感情がおさえられるから、ストレスが生まれてくる。爆発させるわけにはいかない。だから私は「ストレス発散マシン」として活用された。「でしゃばり」「イイ気になりすぎ」「うざい」と悪口を二年間いわれ続けた。ある男子は「あー、何だか心がスッキリする」といった。私にはむなしさだけが残った。

F（中学三年） 中学生はテストや先生の目に縛りつけられ、今にも頭が狂いそうです。目に見えるものや学力がすべてでしょうか？ 答えはノーです。私たちは心の底で叫んでいます。「テストだけで私の評価を決めないで！」と。先生たちも苦しんでいると思います。「なぜ生徒を数字で評価するのか？」と。学校は自分を表現できない所のような気がします。

G（高校二年） 小学校の時のクラスは担任が絶対君主で、その下の私たちはカースト制度が作られていた。スポーツ、絵画、勉強ができ「積極性」とやらがあるとされている「バラモン」。次が、その中の一つがとび抜けており、ほかもまずまずできる「クシャトリア」。どれもパッとせず、大したことはできないけど「積極性」はまずまずの「シュードラ」。どれもダメな「ハリジャン」。ここに私はいた。私があのクラスで学んだのは「権力者にコビろ」ってこと。悔しいけど、それは今も残ってる。

「崩壊」がおこっているクラスばかりが問題じゃないと思う。崩壊がおこっていないクラスほど、中はくさっているかもしれない。「崩壊」さえおこせないで、クラスっていう名前のオリにとじこめられている子がいるってこともおぼえておいて。

H（中学一年）　先生は「人間は一人一人ちがうんだよ」とかいいながら、できる子にもできない子にも皆一緒に、同じことを強いる。矛盾してんじゃん、って子どもは反抗したくなるんじゃないかなぁ。大人のやってることに疑問をもったら、子どもはどこにいきゃいいですか?

I（高校二年）　今の子どもたちに言いたいのは、学校だけが自分の生きてる世界だと思わないこと。「ゲーセン仲間」や「つり仲間」なんでもいーんです。学校だけでない自分の世界を持っといて下さい。それは自分に優しいことです。楽しいね。先生にいいたいのは、自分を「エライ」と思い込まないこと。親に言いたいのは結果だけで感情を動かさないで。

J（中学三年）　生徒中心という意識を先生方に持ってもらいたいと思います。考えてみると、生徒だけでうるさくなる学級崩壊と、クラス全体で盛り上がる最高の授業は紙一重なのかも知れません。

K（中学三年）　学校も先生のやり方もキライだ。自分の理想に燃え、勝手にそれを押しつけ、キビしく取りしまるのがキライだ。先生がえらい、生徒は下の立場、そんなのはおかしい。ま、今のところはお先真っ暗って感じだけど。

L（中学三年）　毎日毎日高校進学のために色々言われて、なんか生きてることも忘れちまうって感じです。先生に言いたい。あなた方も同じ人間です。過ちを犯すことなんか気にしないで下さい。だけど、生徒に「信号無視するな」と言っておいて、自分は無視するとかされると学校不信になりそうです。一貫性のあるかっこいい先生になって下さい。

大人の発言

イ教員（五五歳）　今の子どもたちはテレビや漫画本を読んで、いっぱし世間の悪に染まっているのです。子どもを悪ガキなんだと思って対抗しなければ、授業は成立しないと思うのです。

ロ主婦（三九歳）　何十年も同じスタイルを守り続けてきた教育現場が退屈な場となってしまったとしても不思議はありません。なぜ平面的な図が使われ続けるのか。黒板のなくなる日が新しい教育の始まる日なのかもしれないと思ってみたりしてます。

ハ主婦(三九歳) 私はボランティアで子どもたちと手芸をしています。子どもの本質は昔と変わっていません。興味をもてば、一生懸命に努力しますし、分からなければ色々聞いてきます。

二大学三年生(二一歳) テレビゲームでは子どもはいつも自分が主人公。失敗してもリセットボタンで生き返り、やり直せたりする。集団を知らない子どもが、小学校に入学して集団生活ができるのだろうか。

ホ無職(七六歳) 学級崩壊の根は家庭教育の崩壊にある。父親が家庭のボスであることを自覚せず、未熟な子どもに迎合。母親が母としての自覚を欠くようになった。

へ会社員(二九歳) 私が小学生のころ、心の奥底に「先生の言うことは絶対だ」という気持ちがあり、学校での規則が守られたのだと思います。(今は)価値観も画一的ではなく多様化してきました。これが子どもたちが変わった一番の理由ではないでしょうか。

ト大学生(二〇歳) 私の教えている塾では、子どもたちは生き生きしています。塾では詰め込み学習をしていません。塾で勉強を楽しみ、勉強以外の相談も先生にもちかけてきます。

以上が子どもと大人の発言の全部である。新聞社で選ばれた意見であることを割り引いても、子どもとおとなに大きな差があることがわかる。その差は何か。

子どもの発言のうち、教師が太っていることを述べたCのみがやや異質だが、他の者は教育の本質をついている。Aが「勉強の目的」や「みんな同じように(しつけ)られる」ことに疑問をだし、Hは「教師の言行不一致」を批判し、E・F・Gが「評価」や「競争」の圧力を訴え、I・K・Lが「教師と生徒の上下関係」を批判し、さらにDが「教室の閉鎖性」を説き、Iは「学校外の世界」で生きることを勧めている。

それに対して、おとなの発言は、二十代の人も含めて、ロとハとトが「授業方法」の改善を主張し、イとニは「子どもは悪ガキ」「集団体験の欠如」等の「子どもの変化」を強調し、ホやへは「父権の喪失」と「価値の多様化」などの「社会の変化」を強調している。

全体として子どもは「置かれた立場」への反発があるのに、おとなはその問題に少しもふれていない。要するに子どもは教育の対象とされることに異議申し立てをしているのに、おとなはどう教育するかを論じている。先に、「自分史」の子どもの発言をおとながまったく理解しないと述べ、それを「奇怪な現象」と表現した。おとなは子どもの意見を聞いているようで聞いていない。おとなは教育という眼鏡をかけていて、それを外そうとはしないが、子どもはその眼鏡そのものを批判している。

なぜ大人は眼鏡を外すことができないか。子どもの提起したのは、評価が存在することへの反発、勉強の目的がわからなくなっていること、教育されていることの圧迫感や閉鎖感、教師と生徒の上下関係の不満、教師の言行不一致の問題であり、じつはこれらは解決困難な問題ばかりであるからだ。子どもたちの提起したこれら五つのテーマの中心は勉強と評価である。

教育とは当面「子どもに勉強させること」である。学校では勉強のほかに、しつけや市民意識や教養の伝授や文化の伝承、平和や環境保全や反差別などといったテーマや目的があるが、それについては後で述べるとして、教育の最大の課題はやはり勉強にあり、その結果を評価することにある。評価によって最終的に人材を社会に配分する機能を教育が担っているからである。

評価が子どもに圧迫感や閉鎖感を与えている。評価する者とされる者とが上下の関係をつくりだしている。上下関係なくして評価はありえない。一見上下関係がないように見せかけていても、最終的に評価する場合は子どもにそれがわかってしまう。だのにおとなは暗黙の前提として、勉強と評価を疑うことはしていない。この社会では、教育の人材配分機能を放棄することはできないと深く思い込んでいるからだ。

2 学校機能の低下

これまでの学校教育の機能は、①読み・書き・算盤の基礎を学習し、②教養を身につけて伝統や文化を継承し、③人格を涵養し、平和を愛するよき国民や市民や家庭人となり、④生産現場で役立つ技能を習得し、⑤集団生活を円滑に行なうため、規律を重んじ、⑥教育を受けた証明として資格を獲得する、と考えられてきた。この六つの機能を再検討する必要に迫られている。

学力の基礎

学力の基礎は読み書き能力にあるといわれている。だがいまや映像文化の普及によって、文字文化が衰退している。子どもに責任があると思われる学力低下も、文字文化の衰退と関係がある。おとなが新聞を読まずにテレビを観、手紙を書かずに電話で済ませており、これは社会全体の傾向といえる。

郵政省の職員の話によれば、現在配達されている郵便物の主なものはダイレクトメールや役所の通知書類であって、個人の手紙は激減しているという。記念切手は趣味や蒐集の対象として発行されているが、使われない切手の在庫が年々増えているという。

全国図書館協議会の第四十七回学校読書調査によると、一九九一年と二〇〇一年の十年間に、中学生の月平均読書量は一・九冊から二・一冊に増え、小学生は五・八冊から六・二冊に増えているのに、高校生は一・四冊から一・一冊に減っている。そしてまったく読書しない（月に〇冊）者は、中学生で五〇％から四四％に減り、小学生は一一％で同じであるのに、高校生は六〇％から六七％に増えている。高校生の読書離れが顕著なのである。

おとなになるにつれ文字離れが増えるというのは、メディアの影響と深くかかわっているに違いない。おとなになると文字以外のメディアにふれる機会が増えるからだ。この学校読書調査には二〇〇一年から携帯電話の調査が加わった。それによると、読書をまったくしない高校生のうち、八〇％が携帯を所持していて、月に一〇冊以上の読書をする者のうち、携帯所持者は五一％である。つまり、携帯電話を所持している者は読書をしない傾向が明らかになっているのだ。

一九九〇年以降の不況の影響でただでさえ物が売れなくなっているのに、読書人口が減ると、本屋は大変である。日本書店商業組合連合会に加盟している書店は九〇年には一万二千軒ほどだったが、二〇〇〇年には九千数百軒となり、十年間に約三千軒が廃業している（佐野真一『だれが本を殺すのか』プレジデント社、二〇〇一年）。佐野によると、書籍と雑誌を合わせた出版物はこの数年間に三％前後ずつ減少しており、「二万数千店ある本屋で、税金を払える店は一軒もない」という。中小の本屋がつぶれるのは、むろん失業や所得と消費支出の減少、さらに大型書店や新古書店の進出と関係があるが、主な原因はテレビの普及と、最近のＩＴ化や携帯電話の普及にあると思われる。文字文化が衰退し映像・音声メディアが普及するという、いわば文化変容である。

この文化の激変を考えずに、基礎学力の低下を論ずることはできないのに、指導要領の改定に責任を帰する意見が多いのは不思議な現象だ。むろん教育行政に多少の責任はあろう。だがじつは、学力低下は世界的傾向なのである（佐々木賢『親と教師が少し楽になる本』北斗出版、二〇〇二年参照）。とすれば、一国の教育行政の可否よりも、世界に共通する原因を探るべきである。

基礎学力のもう一つの要素は算数にある。暗算や手計算をする場面が日常生活から消え失せている。買い物するときはレジに頼り、家計簿をつけるには電卓を使う。大企業はむろんのこと、中小の事業所でもコンピュータに数値を打ち込むだけで簿記や会計の計算ができる。「計算ができないと、社会に出てから困るよ」というおとなの言葉に、子どもたちが納得するはずはない。ここにもおとなと子どもの意識の乖離がある。

ニール・ポストマンは映像文化の普及が社会に決定的な影響を与えたと論じた（小柴一訳『子どもはもういない』新樹社、一九八五年）。近代社会では文字習得の期間が必要だから、子ども期が生じたのであり、映像社会には「子どもはもういない」というのだ。この社会は文字や礼儀や羞恥心によっておとなと子どものあいだに境界線を引いたが、テレビ等のメディアはその境界線を取り払ってしまったのだ。

教育の世界にある基礎の概念は、おとなと子どもの境界を暗黙の前提にしている。つまり「おとなは基礎ができている者」「子どもは基礎ができていない者」という考えが背後にあり、「子どもを教育して基礎を身につけさせておとなにする」と考える。だが文化変容で、おとなも「基礎」を使わなくなっている現実をみて、子どもは教育の対象とされることに納得しなくなっている。先に紹介した学級崩壊についてのアンケートにおとなと子どもの意識の乖離があるのはそのためである。

◎市民共通の教養

近代社会では市民に共通する教養が想定された。古い封建社会の身分に対抗するため、新興市民階級の文化的な砦として教養があったとフィリップ・アリエスはいっている（中内敏夫・森田伸子編訳

『「教育」の誕生』藤原書店、一九九二年)。市民が集うサロンの日常会話で、教養が共通の話題を提供したのだ。そして学校が子どもたちに教養を授ける役割を担ってきた。

ほぼ高校全入の現代では、高卒程度の知識が教養とみなされる。大学入試の共通テストを教養とみてもいい。だが実態として、庶民がこの教養を日常的に共有しているか。特定範囲の受験生ならいざ知らず、ほとんどのおとなに庶民や国民的規模での共通教養はない。せいぜいテレビの話題が共通している程度である。テレビの話題なら学校に行っていない不登校者でも共有できる。

教養はメディアの発達で分散傾向にある。週刊誌に代表される雑誌が教養分散に手をかしている。若者たちに限っていえば、暴走族は暴走族の雑誌をもっている。釣りに興味のある者は釣り系の雑誌がある。昆虫に関心がある者は月刊『虫』を読んでいる。マージャンの専門マンガ雑誌もある。車のメカに興味がある者には、数種類のメカの雑誌があって、その購読者は高校の物理教師より、その分野のより新しい知識を得ている。またコンビニ特有の雑誌もあって、それは地域情報を提供している。援助交際はこの情報誌の交際広告欄を利用して最初に相手をみつけている。コンビニは若者たちによきにつけ悪しきにつけ、ごく日常的な文化を提供している。こうした状況を前に、教養を授ける独占機関とみられた学校の役割は終わっている。子どもや若者たちはこのことを皮膚感覚で知っている。

いまの子どもや若者たちの祖父母の時代には専ら学校で教養を身につけていた。カレーライスの作り方を家庭科の授業で初めて教わったという七十代の人がいる。その経験は「学校はありがたい存在」であり「生活を知的に豊かにしてくれる存在」と思わせた。

だが、孫の世代はそうではない。その現実を見ない祖父母は、孫の怠学や不登校を見て「将来、どうなるだろう」と心を痛める。心配のあまり、孫の態度に文句をいい、そのために「うるさい」といわれて殺される祖父母がでてきている(「友人導き祖父母襲撃」岩手県。毎日新聞、二〇〇二年八月十九日。「宇都宮の祖母殺害「いい大学へ」少年に重圧」朝日新聞、二〇〇二年九月十九日)。これらの事件の背後に、世代間の意識の乖離と、教養をめぐる現実の変化がある。

人格の形成

学校で人格が形成されると思っているおとながいる。人格はよき国民やよき市民やよき家庭人として教育によって培われるとされた。だが高度消費社会では、便利な商品とサービスが氾濫し、限りなく個人化が進んでいる。高度成長期には家庭を対象とした電気製品や車や地域で使われる耕運機等の商品が出回ったが、一九七〇年以降の高度消費社会では、ブランド品やパソコンや携帯電話はすべて個人を対象にしている。部屋も個室が多くなり、食事も個人でする孤食が増えた。

人格の土台とみなされた国民や市民や家族の実体を根こそぎ崩壊させているのが消費社会といえる。学校で「市民」を強調しようとも、子どもや若者たちの周囲でその実体が見えない。離婚者や単身生活者も増えて、家族の絆の弱さのほうが目立つ。親の個人化が進むにつれ、幼児虐待も増えていて、子捨て同然の立場に置かれた子どもたちも増える。

「だからこそ、学校で人格を養う必要がある」というかもしれない。しかし言葉やお説教では、社会のほころびを修復できない。現実の変化は人々の欲望によってもたらされたもので、欲望を刺激して発展してきた現在の経済システムをそのままにして、人間関係だけを修復することは難しい。何のために物を作るか、どのような生活を望むか、その意識の切り換えや、生産と社会システムを変えない限り、問題の解決に近づかない。教育における人格のテーマは宙に浮いている。

●技能の養成

一九七〇年代以降、若年労働者不足の影響もあって、職場で技能の下請け化や単純化が進んできた。高校職業科で教える技能が有効であった時代は終わりに近づいている。工場では手動式の旋盤はなくなり、ＮＣ（数値制御付）旋盤が主役になる。先輩工員から教わることが少なくなり、新しい機械が入ると一週間程度のメーカー研修に行かされる。修理の仕事は部品取り替え作業になった。車の整備士も故障箇所を発見する機械にかけた後に、周辺部品をそっくり取り替える作業だけになった。昔の時計屋は眼鏡をかけて故障箇所を発見し、細かい部分を自らが修理していたが、いまは電池の取り替えと物理的な部分の修理しかせず、複雑な部分はメーカーに送り返して取り替える。

職人の作業も変わった。昔の大工さんはカンナ削りに十年の修業が必要だといわれたが、新建材はカンナをかける必要がない。釘打ちもネジも電動機器を使う。職人芸は勘とコツに裏打ちされていたが、その勘とコツの出る幕がなくなりつつある。むろん全部なくなったわけではない。だが、勘とコツを必要とする高級な仕事はエリート職人だけに回される。多数の職人は建売住宅などの仕事をしていて、これはバイトでも補える。

昔のセールスマンは知恵を働かせて、自分の判断で仕事をした。だがいまは、市場調査に基づいた販売マニュアルがあり、電子手帳に表示された指示に従って動くセールスに変わった。全体傾向として、指示を出す少数者と指示に従う多数者に分かれている。だから相対的に現場の裁量権が低下し、そのぶん現場の権威も失墜している。

技術革新による労働現場の変化を要約すると、第一に、技能労働者の能力の出口が塞がれたこと、第二に、現場には誰でもできる代替可能で単純で無機質な労働が増えたこと、第三に、労働者や職人の裁量権が縮小したこと、第四に、そのなかでも少数のエリート技能者や職人と、多数の代替可能労働者の二極分化が起こったこと、第五に、修業や勘やコツといった「積み重ねの精神」より、新しい機械や仕事に順応する「変わり身の早さ」が要求されるようになったこと、である。

学校は昔の技能訓練をめざしていて、なかでも「積み重ねの精神」を強調してきた。だがいまの現場で求められているのは「変わり身の早さ」である。バイトをしながら、この現実に直面した若者たちが、学校のあれこれの指示を怪訝に思い、うるさく感じ、反発するのはむしろ当然のことである。おとなの意識の乖離は技能訓練の面でも出ている。

集団生活の規律

集団生活には規律が必要である。学校は勉強の場としてよりも、規律訓練の場としての意味が強かった。日本の学校では、「学級王国」などの言葉もあるほどにクラスの団結が重視され、そのうえ生徒会や学校行事があり、クラブ活動や修学旅行があった。そこでは和の精神が尊ばれた。

だが先にもみたとおり、消費社会の個人化が進み、職場でも生産よりも保守管理の仕事が多くなるにつれ、集団よりも個人作業が多くなり、家庭では孤食や個室や個人テレビや、離婚に単身生活等々の個人化が進み、都市化した地域では隣の人とのつきあいも極度に少なくなっている。学校だけが規律や集団性を守る最後の牙城とみなされる。

マスコミは前近代性が残る学校の集団主義や管理主義や画一主義を批判し、丸刈りや服装や持ち物規制を槍玉に挙げた。だがその批判には二つの点で見落としがある。一つは、歴史的にみて、この画一主義が高じたのが高校全入が完成した一九七〇年であったこと。それ以前には管理が相対的に少なかった。

もう一つは、画一主義の管理要求は、学校よりも父母や地域にあることである。これは何を意味するか。消費社会の個人化の進展で人間関係の絆が消え、その反動として学校に規律を求めたのである。だからマスコミの批判にもかかわらず、学校の管理は一向になくならない。逆にアメリカのように自由の伝統のある国でも生徒に制服を強いるようになってきた。一九九八年、ニューヨーク市教委は市内の公立小学校六百八十校に制服着用を義務づけた（読売新聞、一九九八年六月二十七日、毎日新聞、一九九八年三月二十二日）。

だが生徒の立場に立ってみよう。社会では規律や絆が消失しつつあるのに、学校だけはそれが強化されている。どうしてそんな不条理が許されるのか、納得するはずがない。日本では病院や保健所を含むすべての建物に土足で入れるのに、学校だけが上履きを使用している。こういう無理が、学校だから許されるとおとなたちみんなが思い込んでいる。

◎学歴と職業資格

これまで学校の機能のうち、基礎・教養・人格・技能・規律のいずれもが、社会に適合しなくなってきたこと、同時にそれが子どもとおとなの意識の乖離をもたらしてきたことを述べた。厄介なのは学校が資格を与える機関であることだ。学校は内実を失っても、資格発行だけは営々として続けているし、生徒たちは資格だけはほしがる。資格には学歴と職業資格の二つがある。両者とも何かを学んだ証明である点は共通しているが、前者は「何ができるか」という点が漠然としている。学歴は「人格」総体を表わすものとみられてきたからである。だが教育大衆化の後は学歴インフレが起こり、価値は目減りしている。価値が減少しても、多くの人がそれをほしがるのは、高卒以上の学歴がないと就職しにくいからだ。つまり負の学歴要求である。もう一つは、学校ブランドの欲求がある。学歴よりも、どの高校どの大学を出たか、学校のブランド価値を競っているのだ。

この現象が起こると、何を学んだかは重視されなくなる。大学で文学を専攻してコンピュータの仕事に就く、経済を学んでタクシーの運転手になる、工学部を出て食品会社の営業に回される、ということがままある。学生は目的と手段が乖離してくる。この乖離は社会システムがうまく機能しなくなったことを意味する。

その一方で受験だけが激化し、知識の量が競われ、教育期間だけが長期化していく。これでは若者たちにとって目標が定めにくい。よく若者が目的を喪失しているというが、社会のほうが目的を見失っている。国家の目標喪失といってもよい。おとなたちがその異常事態に気づかずにいるほうがおかしい。

この現象は職業資格にもいえる。一九八〇年代に六百種類程度だった職業資格が、二〇〇〇年に入ると千四百種類に増えた。職業資格インフレである。その様相を分類すると以下のようになる。第一に競合。たとえば、スポーツ関係や語学関係に同じ内容の数十種類の資格が競合している。第二に増加。「事務専門士」のように、過去に資格なしでやっていた業務が資格化されている。つまり名称化されただけの資格がある。第三に利権。英語検定や漢字検定では、数十万人の受験者から数千円の受験料を徴収して、億の桁の収入を得る業者がいて、資格企業が成り立っている。第四に慰め。技能単純化のために魅力をなくした職種で、資格の発行によって名誉挽回を図ろうとする業界がある。技能士の資格は一九六〇年に五種類だったが、二〇〇〇年に百五十種類になった。単純化し代替可能労働と化した技能が多いのに、この増え方は異常である。

第五に法人。官僚の天下り先である法人が故意につくった資格がある。健康運動士・健康運動実践指導者は昔の厚生省が、ヘルスケア・トレーナーは昔の労働省が、天下り官僚の法人組織を維持するために資格を発行している。これは一例に過ぎず、国全体で、一九八六年から一九九三年まで、一日平均一・六の法人が誕生している。

第六に学会権威。学者たちが資格に興味をもった。彼らは資格の是非は論ぜず、社会の資格化をそのまま認めてしまう。そして、大学や学会関係者以外の権威を排除し、さらに利権も絡んで、国家資格化をめざし、業務独占をもくろんでいる。学歴の上下や大学格差をもとに資格を格付けし、学会や大学の権威を保とうとしている。

要するに、職業資格は学歴資格と同様、資格そのものが商品化し、教育企業の対象となってきた。若者たちは就職できなかったとき「職業資格でも取ろう」と考える。ところが取った資格で就職できない。また資格試験の内容が実務に役立たなかったりする。逆に試験は難しいのに、実務はバイトでもできる単純化されたものだったりする。こうした詐欺まがいの資格が横行している（佐々木賢『資格を取る前に読む本』三一新書、一九九六年）。

3　経済グローバリズムと若者の浮遊化

◎経済グローバリズムの波

これまで学校の諸機能のうち、基礎から規律までが形骸化し、残された最後の機能である資格は、注目を集めるわりには、その内実が危ういものであることをみた。実質機能の低下にもかかわらず、以前にも増しておとなたちの熱い視線が教育に注がれるのは、インフレのために効力がなくなった資格に不安を抱き、さらに高い資格を求めるからである。

だが教育資格がどうあれ、若者にとっては最終的に生活できる仕事があればいい。一九九〇年以降日本を襲った経済グローバル化の波は、その望みをも絶つ。労働白書によれば高卒求人数は一九八八年に百三十二万だが一九九九年には三十四万、大卒求人数は八八年が百七十万だが九九年には六十四万になっている。これは単に不況の影響とは言いがたい。

階層構造も変化した。一九九〇年代の経済グローバル化の後、高度経済成長期に生じた中間層が没落した。大企業はスリム化し、正規従業員を出向やリストラで減らし、中小企業や中小商店は倒産している。IT化のために、部課長級の中間管理職の仕事は不要になりつつある。ITによって経営は現場と直結し、外注もできるからだ。

労働者はかつて年功序列や終身雇用に保護されていたが、これからは移動型の労働市場に個人が放り出され、個別の労働条件で契約させられる。自己責任や自己教育が強調され、「自分の力でキャリア形成をしろ」と迫られる。そこでより高い学校歴や職業資格を求めるが、先にみたとおり資格インフレがあり、詐欺まがいの資格市場が待っている。

若年労働市場をみると、十八歳から二十九歳までの正規従業員のうち、百九十万人が、朝九時から夜十時まで平均一日十三時間労働を強いられている（玄田有史「フリーターを巡る錯誤」、毎日新聞、二〇〇〇年七月十七日）。一方で、誰でもできる代替可能のフリーターが四百十七万人にも達している（毎日新聞、二〇〇三年十二月十八日）。

多くの人が「若者はわがままだから、フリーターを好んでしている」というが、この説は現象を表面しか見ていない。たしかに若者の自発的失業は多いが、労働経済学者の玄田有史は、仕事が減少していて魅力的な仕事がないときに自発的失業も増える傾向があることを指摘している（前掲「フリーターを巡る錯誤」）。現に労働白書にあるアンケートではフリーターの若者のうち七～八割は正規の従業員を希望している。

全労働者、約三千六百万人強の中で、パートタイムの占める割合は、二〇〇一年に、男性は一割、女性は五割に達している（労働経済白書、二〇〇三年度版）。正規の従業員を減らした理由を企業に聞くと、「合理化」五四・一％、「組織を再編」四二・三％、「事業部の縮小」二五・四％、「外注への切り換え」二二・一％となっている（二〇〇一年労働白書、統計基礎資料）。すべて企業側の理由であって、「若者が定着しない」とか「若者が正規の従業員を希望しない」などの理由はあがっていない。

これは日本だけではない。先進国の若年者で正規に雇用されていない比率はフランスが男二二％、女四〇％、ドイツ男一六％、女二一％、アメリカ男二一％、女三五％、イギリス男四五％、女五四％であり、OECD平均では男二四％、女三四％である。先進国でこのような状態だから、中進国や途上国では推して知るべしである。

これは経済グローバル化の影響である。一九九〇年以降に世界には億の桁の富裕層が七百十万人に達したが、それは世界人口の〇・一％にすぎない。富裕層の上位二割と貧困層の下位二割の比率は一九六〇年には一対三十だったが、一九九〇年には一対七八になった。富裕層はどのように富を得たか。投機である。世界の為替取引は一日に二兆ドル（約二百兆円）であり、その取引に税金がかかっていない（『ふぇみん』二〇〇二年八月十五日、グローバリゼーション特集、国際問題評論家北沢洋子の解説）。努力や才能ならまだしも、賭のような稼ぎ方が世界の経済を牛耳っている。

日本を含む世界の階層構造はごく少数の巨額の収入の富裕層が、クワイの芽の部分のように上にそびえたち、下に大多数の貧困層が大きな塊となって存在する図が推定できる。日本の若者に限っていえば、上層のクワイの芽に参入しようと競争する階層が三分の一、下層でフリーターになり浮遊しつつある階層が三分の二いる、という構図が推測できる。

若者たちの姿

一九九〇年以降に校内暴力や不登校や学校内いじめが全世界に広がった感がある。英・米・独・仏・日の先進国はもとより、韓国や中国やマレーシア、それにポーランドやイタリアや、マラウイやヨルダンやエチオピアという途上国まで校内暴力があり、その荒れ方が各国ともきわめて似ているのである(前掲『親と教師が少し楽になる本』)。

二〇世紀の後半は世界中で教育改革がはやった。だがこれは教育改革で解決する問題だろうか。自由にしようが管理しようが、公教育だろうが私教育だろうが、それにおかまいなく学校病理が蔓延している。いまこそ世界共通の原因を突き止めねばならない。共通する第一は、教育によって子どもを社会化する(おとな社会に入れる)システムが大衆化していること。第二に、資格によって社会に人材配分していること。第三に、途上国も含め、消費社会に突入したこと。第四に、メディア社会に突入したこと。そして第五に、グローバリズム経済の影響で、極度の階層格差が生じていること。以上を検討しなくてはならない。

子どもたちの立場からみれば、三つの不安がある。第一は将来不安である。この社会でふつうのおとなになって生活していけるか。第二は能力不安がある。教育社会では能力が問われるが、その能力が自分にあるか。第三は存在不安である。自分の居場所がこの世にあるか。当面の居場所は家庭と学校だが、これは能力不安と関係し、もし家庭と学校が能力だけにこだわっている場合、その子には家庭も学校も居場所ではなくなる。

この三不安が出揃ったら、若者は自暴自棄となり自爆テロもやりかねない。不幸にしてアメリカの銃乱射事件をはじめとして、世界中でこの類の事件がある。その理由は第一に、グローバリズム経済が労働市場をクワイ型に変え、先進国でさえ三分の二の若者に将来を閉ざしているからである。第二に、親も教師も消費・情報社会が学校機能を低下させたことを認めず、教育にこだわっているからである。第三に、子どもや若者にとって大切なのが、居場所と相互コミュニケーションであることをおとなが認識していないことにある。

将来不安は社会の構造的なものなので、解消することはきわめて困難だが、競争社会から下りることはできるはずだ。能力不安と存在不安は身近なおとなの意識を変えるだけで、当面はその場を切り抜けることができる。

◎若者浮遊層とどうかかわるか—撫育と教育

小・中学校の不登校十四万、高校中退十一万余、高卒無業十四万、大卒無業十二万、高卒就職一年未満離職二割から三割、年々数十万人以上の若者が、社会の既成のコースから外れている。この層を仮に浮遊層と名づければ、学校内の人間関係を考えるうえでこの層を無視できない。ここでは、教師が浮遊層とどう関係を保てるかを探ってみたい。

ミニコミ誌『こどもとゆく』（藤田悟・好子発行、二〇〇〇年三月号）に「さなぎの時代をふり返る」

という記事があり、中学・高校時代に不登校を経験した男女二人の若者が登場している。

現在大学二年生のN君は文京区の出身、小学五年生の時に引きこもりがちになったが、本人は「そんなに困らなかった」という。中学三年の時に完全な不登校になるが、いじめや勉強が原因ではなかった。ただ何となくそうなり、一人で街をブラブラしていた。その後、河合塾コスモという大検予備校に入る。そこは規則も強制もないが、また二年間不登校状態が続く。そとに出るきっかけとなったのは、コスモ農園で牛糞をトラックから下ろす作業をしてからだという。体を動かすことで外界への興味をもつようになった。

現在大学一年生のIさんは地方都市の私立女子高を中退した。進学の噂話をする近所のおとなと、淑女教育をめざす学校がいやで、一人で東京に出てくる。コスモを見学し「ラクそう」と思ってそこに入った。大検合格後、友だちと花火をしたり、飲みに行ったり、カラオケをしたり、旅行に行くのが、はじめての新鮮な体験だったと語っている。

この二人が語った共通点は、①学校は人間関係に疲れること。②学校から遠ざかってはじめて自分を見つめたこと。③積極性が出たきっかけは労働や旅行やバイトや友人や遊びであったこと。④おとなになるには「ハイテンションではダメで」平常心をもってまわりに溶け込むことだと悟ったこと。⑤周囲のおとなには、失敗のやり直しがきく環境をつくってほしいと願うこと。長欠の後に顔を出したとき「やあ、よく来た、よく来た」といわれるのは気が重く、「久しぶりね」といわれるほうが気が楽だったという。

ストリートチルドレンは世界で一千万人いるという。日本には少ないが、日本の浮遊層はストリートチルドレンと共通するものがある。家庭や学校や地域から遠ざかり、あるいは、子どものほうからおとなを見放していて、孤独のままに、あるいは同年配の仲間だけと一緒にいて、施しで生活しているからだ。

メキシコシティにはストリートチルドレンと接触するNGO団体があり、その先端の活動を支えているのがストリート・エデュケイターと呼ばれる人々である。この人たちにもいいエデュケイターと悪いエデュケイターがいるという。

前者は、①友だちと思える人、②安心感と希望を与えてくれる人、③すぐに必要な対応をしてくれる人、④いざという時に頼りになる人、⑤一緒に過ごしてくれる人である。

後者は、①文句をいい、欠点ばかり指摘する人、②「施設に行け」と説教する人、③汚いとか臭いという目つきで見る人、④子どもたちの文化をわかってくれない人、⑤約束を破る人だという（工藤律子『居場所をなくした子どもたち』ＪＵＬＡ出版局、一九九八年）。上記の基準をさらにそれぞれ三つの言葉にまとめると、いいエデュケイターは安心・協力・共居（一緒に過ごす）、悪いエデュケーターは説教・異文化の強制・一方性、ということになる。前者を撫育型（かわいがって育てること、古来から明治のはじめまで使われた語）、後者を教育型と呼ぶことにする。

以上のことから判断して、教師が浮遊層の若者と関係をもつには撫育型がいいことがわかる。「二十四の瞳」の大石先生や「やまびこ学校」の無着先生はこのタイプだった。浮遊層が増えたいま、このタイプの教師が望まれているのだが、四十年前に比べ、逆に撫育型教師が少なくなっている。これは教師の立場が激変したからにほかならない。

消費社会や情報社会の高度化にともない、学校でもアカウンタビリティという語が使われるようになった。これはもともと政府や専門家や企業が、国民や素人や消費者に説明責任があるという意味である。

教師に対しても、しつけや勉強や学校の安全等々にアカウンタビリティが要求され、それにこたえようとして教育行政側が教職員の管理を強化してきている。

いじめ防止のため七十項目の留意点を表にし、週に一度会議を開いて点検している学校がある。これは教師を忙しくするだけだ。それよりも、生徒と日常に接する教師の自由な時間を多くするほうがいい。四十年前には考えられないほど教師が忙しくなり、生徒とムダな時間を共有できなくなった。いま、浮遊層の増加を前に撫育の心が求められる。というより、これしかないと思われるのに、教師は撫育の時間と余裕を奪われているのである。

不登校者が語っているように、学校は人間関係の疲れる所であり、子どもたちは学校から逃れてはじめて自分を見つめ、労働や旅、親や教師以外のおとなたちと雑談をし、それをきっかけにして外界に関心をもちはじめている。学校の教師はこの事実を教訓にするべきだ。教育的配慮の体験学習ではなく、現実にある体験と出会いが大切なのだ。

ストリートチルドレンがそうであったように、浮遊層の若者は、お説教をし、学校文化を押しつけ、一方的にしつけをしようとする教育型の大人には相談しようとしない。彼らが望んでいるのは、安心感があり、いつも隣にいて、声をかけてくれ、必要な時に協力してくれるおとなである。

だが、状況は悪循環している。教師の業務は、親のしつけ要求にこたえ、事件予防の取り締まりをし、事件後は取り調べと裁判をし、嫌がる生徒に役立たない「知識」を教え、受験の面で、予備校や塾に勝ち目のない競争を強いられている。教師には植民地の役人のようなジレンマがある。住民のためになる行政をすれば、植民地業務と矛盾する。目的や動機を失った若者には、撫育型教師が必要だが、業務に忠実な教師は撫育ができない。

◉反グローバリズムと学校内ゲリラ──若者に寄り添う共居を求めて

悪循環を断ち切るには発想の転換が必要である。立場上業務を無視できないから、やっているふりをする。だが本気でやる必要はない。学校機能の分散のため、業務の手抜きは社会が補えるはずだ。それより生徒から頼りにされる教師でありたい。その前提にはムダな時間を共有することだ。これは教師の業務外の仕事だから、ゲリラ的にやるしかない。

前に述べたように、浮遊層の若者は将来不安と能力不安と存在不安の三不安をもっている。能力不安や存在不安は当面、身近にいるおとなの意識を変えることで対処できる。その意識変革は撫育や共居の姿勢にあることをすでに述べてきた。いまの最大の課題は、子どもや若者たちの将来不安である。これは動機の欠如として現われる。長期展望としては、若者の出番を用意する社会改革が必要だ。いまはグローバル経済の影響で少数エリートのみが注目され、中間層や底辺の若者がやり甲斐や手応えを感じる場面が少なくなっている。その状況が政治・経済・芸能・文化・スポーツ等のあらゆる分野で広がっているので、改革は並み大抵のことではできない。

少数派ではあるが、世界各地で反グローバルの運動がある。為替取引にトービン税をかける要求、環境保護と途上国の公正貿易を求める運動、貧困者や女性や被差別者に融資するマイクロ・クレジット、差別是正の雇用枠を設けるクォーター制度、フリーターや民衆をネットでつなぐピープルズ・オーガナイゼーションなど、こうした運動に敏感であるためには、競争原理と教育の眼鏡を外して、独自のアンテナを用意する必要がある。

アンテナがあれば国内の動きもキャッチできる。福生市の「青少年自立支援センター」（不登校やひきこもりの若者に就業を支援する）、千葉の「ニュースタート」（浮遊層若者に介護事業に就労するのを支援する福祉コンビニ運動)、「WANA」(女性の能力を活用するネットワーク作りの運動、藤木美奈子『我慢するのはもうイヤだ』講談社、二〇〇一年参照)、その他フリーターやパートのユニオン化の動きがある。東京のフリーターユニオンは目下八十人だが、その動きに注目したい(朝日新聞、二〇〇一年十一月八日)。

行政側に要求すべきことがある。イギリスのコンパクト(NPOと政府の政策協定)で決められた、国から補助金を出して若年失業者に自然保護の仕事を委託する施策は参考になる。市場原理から外されているが、ぜひともやらねばならない自然保護のような仕事は多い。ドイツでは「住居なくして定職なし」の理念で、政府が若年ホームレスに住居を提供している(工藤啓『ドイツ若年就労支援システム報告』NPO法人青少年社会問題研究所、二〇〇二年)。日本では各家庭で若年者を抱え込む「ひきこもり」がいるが、家賃補助があれば、家から出て、フリーターの賃金でも自立しやすいからだ。国の内外にあるエコ・マネーの動きにも注目したい。お金がなくとも地域で物々交換や労働交換をしながら生活していく方法である。アメリカやカナダやヨーロッパでもこの動きがあるが、日本国内にも広がっている。エコ・マネーは人と人のつながりを強める。この地域では浮遊層も一息つけるだろう。

こうした運動はまだきわめて弱いが、その運動の理念を知ると、教師の常識を破ることができる。フリーターを頭から否定するような古い常識は捨てたほうがいい。フリーターはいまや若年労働者の多数派だから、そこから何を模索するかが問われている。常識を捨てたおとなに若者たちは近寄りやすい。若者に寄り添うと、周囲の状況が見えてくる。先に述べたように、教師は浮遊層の若者に寄り添いにくい。だが、学校現場と教育の常識では学校病理に太刀打ちできないことは明らかである。だから共居と撫育の理念をもち、ゲリラ的に、確信犯として、あえてアンテナを世界に広げるとよい。

第Ⅲ部

学校のなかの教師たち

この第Ⅲ部ではいま学校のなかで、教師がどのような立場に立たされているかを見る。いまについて述べるには、昔と比べなければならない。したがってここでは、各テーマにそって「昔はこうだったが、いまはこうなった」と説明することになる。ただし昔といっても私たちの記憶に残る昔であって、一九五〇年代以降をさし、いまとは、教師の立場が激変した一九九〇年以降をさすことにする。

一口でいえば、昔は文部省と日教組、校長と教師の対立があったとはいえ、教師は比較的のんびりと仕事をしていた。しかしいまは教師の多忙感が強まり、同僚や生徒や父母や管理職との軋轢が多くなった。それはなぜか。一九八〇年代後半以降の教育改革で、教育に市場原理が導入されたことにその一つの原因がある。だがそればかりではない。一九九〇年以降の経済グローバル化による社会の変化や人々の意識の変化に強く影響されている。

第7章を書いているのは現職教師の原内、第8章を書いているのは四十年近く学校現場にいた退職教師の佐々木である。原内は自分の父母も教師であったから、回想風に昔の教師の生活や意識を描写しつつ、いまの教師の置かれた立場を述べる。佐々木は日教組が行なった教師へのアンケートをもとに、教師OBの立場からいまの教師の置かれた立場を分析する。

第7章　教師たちの見る学校のすがた
——時代の流れのなかで

1　教師たちの生きた三つの時代

◎学校をおりる

最近、年上の友人が、退職までまだ五年もあるというのに教師の仕事をやめた。やめる直前まで、職場の仲間にも内緒にしていたらしい。

「まだ余力のあるうちに、教師以外のこともやってみたかった」。新しい人生への期待を語る彼女の笑顔の向こうに、定年まで勤められなかった挫折感が漂う。「子どもたちとの暮らしをあんなに楽しんでいたのに、どうして?」と問いつめると、「三十年も教師を続けてきたのに、ここにきて学校に行くのが本当につらくなった」とポツリと本音が出てきた。「子どもたちや保護者に気持ちが通じない」「年下のTT（ティームティーチング担当の教師）が、中間管理職のような態度でクラスのことをあれこれ指摘してくる」「みんな悩みなんかないような顔して働いてる」「私って古いのかな……」「今までのよう

に、何が何でも子どもたちのためにがんばろうという気持ちがわいてこない。そんな気持ちの人は、や

めるしかないじゃない」。

「一人で悩まないで打ち明けてほしかった。でも、学校から離れて自分を見つめ直すこともいいこと

かもしれないね……」。すでに退職してしまっている彼女に、私はこれ以上何も言えなかった。

いまの学校についていけないという思いは、私にもある。この五、六年、特にそう感じるようになっ

た。「個性化・多様化」「生きる力」「心の教育」……このもっともらしい言葉で、今まで私が大事にし

てきたことが次々と否定されていく。そして、「不適格教師」という脅し。同年代の仲間も、集まると

「昔は、おもしろかったよね」と二十数年前の若かりし自分たちの新卒時代をつい懐かしんでしまう。

このところ学校は、教師にとっておもしろさやりがいが感じられない職場になってきている。なぜ

だろう。私は、学校の子どももおとなも、「共に暮らす仲間」としてつきあうことができなくなってい

るせいだと思う。かつての学校もいろいろあったが、そこで暮らす者たちは、泣いたり笑ったりケンカ

しながらつながり合って生きていく楽しさをどこかで感じていた。その楽しさが、いま、学校から消え

はじめている。

私はその理由を、教師だった私の両親の新卒時代である一九五〇年代、私自身の新卒時代の一九八〇

年代、そして一九九〇年代に入ってからの三つの時代に分けて、そこで働く教師たちの仕事への思いや

学校現場の実態、とりわけ学校の人と人との関係の変化を探ることから解き明かしていきたい。そして、

学校に、「共に暮らす仲間」のつながりを取り戻すにはどうしたらよいかを考えてみたい。

一九五〇年代の教師たち

朝鮮戦争の勃発、自衛隊の創設、レッドパージ……徐々にもと来た道に戻ろうとする動きが出てきた一九五〇年代、私の父と母は、北海道の空知の山奥にある小中併置校に赴任し、共に新卒時代を過ごした。

父と母は、戦前の教育を受けた。当時の教師たちは、徹底した中央集権のもと視学（学校における思想取締官）の監視下におかれ、国家によるマインドコントロールの手先として働かされた。この「天皇のためには命を惜しんではいけない」とする教育によって、たくさんの人々が尊い命を落とした。一九四五年の日本人の平均寿命は、男性二十三・九歳、女性三十七・五歳、アジアの国々の犠牲者は二千万人以上だといわれている。日本の歴史はいろいろあったが、「帝国憲法」「教育勅語」下の五十数年ほど日本人が殺し殺された時代はなかったのではないだろうかと、父と母は悔やんだ。その思いは、日本中の人々のものだったと思う。

敗戦後、教師たちは、二度と再び過ちを犯してはならないと誓い合い、憲法・教育基本法に基づき、為政者にだまされない自分の頭で考えることのできる主権者を育てようとした。そして、臣民の養成機関となってきた上意下達の学校を、保護者・地域の人々とともに国民のものにしていく教育実践が全国各地で始められた。

中学校の国語の教師だった父は、世の中をありのままに見つめ調べるなかで、自分の置かれている現状を知り、子どもなりにどう生きるか考える授業をめざした。とにかく、ことあるごとに作文を書かせ、それを学級通信に載せて、学校・家庭・地域・社会の問題を子どもたちや保護者とともに考えた。小学校の教師だった母は、音楽や美術、体育などを通して子どもたちの表現を引き出し、仲間と協力し合って活動する楽しさを伝えようとした。

教科書はあったがほとんど使わず、自分たちが子どもによかれと思った教材は、授業にどんどん取り入れた。一学年二十数人、二つの学年を合わせると五十人近くになる複式学級の指導は大変だった。子どもどうしが助け合わなければ、授業をすすめることは不可能だ。子どもたちは、互いに教え合いながら、教室のみんながわかるようになろうとがんばった。修身の徳目を注入するような道徳の時間はいっさい設けなかった。その代わり、生徒会・児童会活動などを通して子どもたちに、仲間と共に考え、自分たちで決め、行動することのできる「自治の力」を育てようと努力した。

全国各地に、たくさんの自主的な教育研究サークルや組合主催の教育研究集会（教研）が誕生した。父や母も仲間とともに自分たちの教育実践を持ち寄り、平和な日本をつくるための主権者を育てるにはどうしたらよいか熱く語り合った。校長も教職員組合の組合員だった時代である。校長は、管理職ではなくよき先輩として、討論の輪に加わった。

まだ戦後の混乱が続いており、教室の誰もが貧しい時代だった。子どもたちは、貨物列車に薪を積むアルバイトをして修学旅行の費用を工面した。教師の安月給を心配し、村の人たちが畑でとれた野菜をもってきてくれることもあった。

この時代、教師は、自分の夢を実現するための知識を与えてくれる恩師だった。十年くらい前、私は両親と一緒に、私の生まれたその村を物心ついてからはじめて訪問した。過疎化がすすみ、教え子や保護者もかなり村を離れてはいたが、父も母もあちこちの家で歓待された。驚いたことは、村の人たちが私の名前を覚えていたことだ。村の学校の教師どうしの結婚・出産は村人たちから祝福され、私はずいぶんかわいがってもらったという。私は同じ教師として、両親と村人との関係の深さに驚き、その信頼の厚さにうらやましさを覚えたものだ。教師も子どもも公私の区別ない家族的なつきあいをした時代、誰もが貧しく助け合わずには暮らせなかった時代、学校で暮らす者たちは、自然に「共に暮らす仲間」になれた。

　父は、新卒時代を過ごしたこの小中併置校での仕事が一番充実していたと、自分の教師生活を振り返る。校長はじめ先輩教師や保護者が、新米の自分を信頼し、まかせてくれたことがうれしかったとなつかしむ。母は、父の転勤と同時に仕事をやめたので、経済・社会の変化や文部省の教育政策に振り回され、翻弄されてきた教育現場や教師たちの思いを実感できない。村の子どもたちのためにがんばってい た自分の若き日々を誇りに思ってきた。

　私は、子どもの頃から、夜遅くまで熱心にガリ版に向かい、文集づくりに励む父の後ろ姿を眺め、「教師の仕事はおもしろいよ」とすすめる母の言葉を聞いて育ったせいか、当然のように教師の道を選んだ。

　しかしいま、私は、母のように「教師の仕事はおもしろいよ」と自分の息子たちに教師になることをすすめるのをためらう。なぜなら、私の二十数年の教師生活は、母がめざした民主教育が次々と切り崩されていく過程そのものだったような気がするからだ。私は、父が五十年前の自分の新卒時代をなつかしむ気持ちをノスタルジーだと笑えない。そして、私自身も二十数年前の新卒時代をついなつかしんでいる自分に気づかされる。

一九八〇年代の教師たち

　母が教師をやめてから、日本は本格的に高度経済成長の時代に突入していった。企業は、工場をフル稼働し、スピーディーかつ正確に仕事をこなせる労働者を大量に必要としていた。また、欧米の学術を学び、膨大な資料を分析・応用していけるエリートが求められた。一九五八年の学習指導要領から、教育課程の編成権が一人ひとりの教師にあるということを認めていた「試案」という言葉が消え、教育基本法に基づき、それぞれの地域の自由な発想で行なわれていた教育は、平等の名のもと、全国一律の詰め込み教育へと変質させられていった。

受験では、学習指導要領にある学習内容を記憶しているかどうかが問われた。学歴さえあれば、とりあえず定年までの生活が約束された時代である。勢い、わが子の安定した将来を願う親心は、受験競争にのめり込んでいった。進学率の急上昇、受験産業の学校教育への浸食が始まる。しだいに、学校は受験を通してすべての子どもたちを記憶力のよい順に分け、それぞれの学歴に従って仕事を振り分けていく役割を担わされるようになっていった。

私が新卒時代を過ごした一九七〇年代終わりから八〇年代はじめの学校は、子どもたちの校内暴力・非行の問題に苦しんでいた。私の初任地の札幌でも、窓ガラスや便器が壊されたり、教師が殴られたり、ある時は、万引きしたものを子どもたちが教室で売買するなどといった事件が起きた。

教師たちは、偏差値による序列化・値踏みによる「反乱」だと感じつつも、とりあえず「荒れる」子どもたちに対し、互いに協力し合い体を張って立ち向かうしかなかった。友人の中学校では、教師たちが玄関に机を置き、学級事務や教材研究をしながら授業を抜け出す子どもたちを交代で見張った。協力し合わなければ彼らに負けてしまう。教師たちは、「服装の乱れは心の乱れ」と校則によって髪留めの色まで指定したり、「内申書」をちらつかせるなど、さまざまな管理や脅しを駆使してこの「反乱」を「鎮圧」しようとした。

一方で、「できる」「わかる」ようにさせることが、「反乱者」になることを防ぐ手だてとなるとされた。私も、何とか「落ちこぼれ」を救おうと、自主教材をつくったり、負担を気にしつつも放課後残したり宿題を持たせたりした。私は、母たちのように自分たちの力で自分たちの生活をつくる力を育むのに必要な「できる」「わかる」をめざした。しかし、教室では、どの子も一律に逆上がりを「できる」ようにさせることや、単元ごとに行なわれるテストの内容をとりあえず「わかる」ようにさせることに追われた。私は、学習指導要領・受験体制の重圧のなか、詰め込み教育の域を出ない自分の実践に憤った。だが、そんな学校現場を目のあたりにしても、私は母が教師になることをすすめてくれたことに感謝した。いろいろ規制はあるが、たしかにやりがいのある仕事だと思ったからだ。

高度経済成長の本格化とともに、全国的に都市部を中心に開発がすすみ、子どもたちの遊び場が次々に失われていった。また、大企業や大手スーパーの進出により、町の工場や商店街がつぶされ、地域の産業によって結びついていた人間関係が希薄になりはじめていた。私の学校のあった札幌市の郊外の町も、陣取りゲームのごとく畑が新興住宅地に変わっていくなかで、同様の悩みを抱えていた。その頃の学校は、「荒れる」子どもたちを管理したり、「詰め込み」教育に追われる一方で、放っておくと確実にバラバラになっていく子どもや保護者の関係を紡ごうと必死だった。私の学校の教師たちも、過密カリキュラムのなか、何とかやりくりして生み出した時間を、係・児童会活動、クラスのお楽しみ会・親子レクリエーションの準備、時に授業をつぶしてのケンカの仲裁など、子どもたち・保護者の心をつなぐ取り組みに振り向けた。

一九七九年に、都道府県に養護学校の設置が義務づけられ、障害のあるすべての子に学校教育が用意されることになった。しかし、それは、分離を前提として施行されたため、障害のある子は、校内に特設された特殊学級や地方の養護学校に「収容」されるようになり、クラスや地域から姿を消していった。だが、私の学校にはまだ特殊学級が設置されていなかったので、障害のある子も迷わず普通学級で学んでいた。

私は、新卒三年目に受け持った二年生のクラスが特に印象深い。

ある時、私が体育の授業を終えて教室に行くと、子どもたちは連敗のドッジボールの試合を何とかしようとけんけんがくがく話し合っていた。その結果、放課後みんなで集まって練習しようと、スポーツクラブをつくることになった。習い事や歯医者のある人はどうするか、集まる時間帯はいつにするか……その話し合いのようすをほほえましく横で見ていた自分を思い出す。

子どもたちは、私が教室に行く前に朝の会を始めていた。ドアを開けると、学校で起きた問題だけでなく、昨日のスポーツクラブでのケンカの仲裁をしていたりもする。のびのびと自分たちのことを話すので、私にも彼らの放課後の暮らしぶりがよくわかった。

その頃のクラス定員は四十五人。私のクラスは転校生が来て四十六人のすし詰め学級だった。学力差が大きく、授業についていけない子も数名いた。新米教師の私が手におえる人数ではなかったが、教室のなかの多様な存在が、子どもたちに違いを認め合うことや助け合いの大切さを日々実感させてくれたように思う。障害のある子もクラスの一員として堂々と自分の思いを語り、毎日スポーツクラブに参加し、遊びの輪に加わっていた。スポーツクラブは、ドッジボールの試合に勝った後も続けられ、他の学年やクラスの子も参加した集団遊びへと発展していった。子どもたちの放課後の交流も活発になり、誕生パーティーにクラス全員の友だちを呼んだ子もいた。

そんな子どもたちの交流は、保護者の間に、本音を出し合いながらみんなで寄ってたかって子育てをしようというムードを広げていった。習い事や塾通いに忙しい子どももたくさんいたが、まだファミコンが家庭に普及する前の（ファミコンは一九八三年発売）基本的に子どもが外で遊ぶことがあたりまえだった時代、そして、教室の実践が自然なかたちで地域とつながっていた時代だった。

子どもたちの自治の力は、私の指導技術の未熟さもカバーしてくれた。いま思えばかなり乱暴な話だが、自習は国語の物語教材の読み取りをさせた。子どもたちは、自分たちの力だけで、国語の教科書を一行一行読み合わせながら登場人物の心情を読み取るなどということをやってのけた。いまと違って、放課後、自分の学級のことに集中できる時間があったからできた仕事かもしれないが、私は子どもたちの日記や保護者の間で子育てについての思いや悩みを交流し合う回覧ノートに目を通し、一人ひとりに返事を書いた。振り返るとそこまで手間ひまかける必要があったのかと思うが、私は子どもや保護者の思いを知りたくて夢中だった。

文部省が、一九七一年の中央教育審議会答申に基づいて、国や経済界のための人づくりをいよいよ本格化させようと主任制度を導入したのは、私が教師になる数年前（一九七六年）のことだ。戦前の学校が、独裁的な校長を中心に二、三人の教師の手によって運営されていたことの反省から廃止されていた「教頭」職が、一九五七年に復活。一九六六年にはＩＬＯ条約批准による国内法の改悪により、教職員組合の組合員だった校長・教頭は、組合から脱退させられていた。

北海道教職員組合（北教組）は、学校現場に上意下達の体制を持ち込むことは、戦前のようなもの言えない学校現場をつくることにつながると主任制度に反発し、ストライキを構え組織の総力を挙げて反対した。そして、主任は職場に存在しないとして、五千円余りの主任手当を毎月当局に返還した。一方で、北教組は、実質的に主任が機能することを防ぐために、一人一係制を提案した。これは、職場の仲間たちとの話し合いをもとに、一人ひとりの教職員が自分の仕事に責任をもちながら、さまざまな係との有機的な連携のなかで業務を行なっていく組織運営の方法である。

このたたかいをきっかけに、学校運営や教育のあり方が民主的になっているかを徹底的に検証し、子どもを真ん中においた自由闊達な議論が行なえる職員会議、管理主義を排し自治の力を育む教育課程を再確認していこうという運動が始まった。「日の丸・君が代」問題についても、教師だけでなく事務職員、栄養職員など学校で働く教職員の生きざまをぶつけ合う討論が行なわれた。私の学校でも、新設以来、歌われてきた「君が代」は、子ども・保護者・教職員一人ひとりの思想信条にふれる問題になるし、学校は国家ではなく市民のために存在するとして、卒・入学式では扱わないことにした。

私は、この新卒の時の学校で、民間会社に勤め出張がちな夫と結婚し、三人の息子を次々に出産した。妊娠中は腰痛がひどく、体を休めるため授業が終わるとすぐ家に帰った。子どもが小さい間は、家と保育園と病院と学校の往復といった暮らしだった。それでも何とか「不適格教師」にならずに日々の仕事を切り抜けていけたのは、私が教師を続けることを願う母が、孫が熱を出すと何をおいても遠い町から駆けつけてくれたお陰だと思っている。そして、学校では、職場の仲間や保護者の方々、何といってもクラスの子どもたちの懸命につながり合おうとする思いに助けられてきた。

しだいにモノ・カネ・経済効率が幅を利かす社会のなかで、学校の「共に暮らす仲間」は、みんなの必死の努力に支えられていた。

最近の学校現場

一九九〇年代に入って、耐久消費材を中心にある程度のものが先進諸国の人々に行き渡り、世界的な消費低迷の時代がおとずれた。企業は、儲けの活路を何としても見いだすために、存亡をかけたたたかいを繰り広げた。暗記力による模倣や正確さ、スピードよりも、発想の豊かさや企画力をもった人材が必要とされ、文部省は日本経済を救うエリートづくりに躍起となる。

カネになるならば、将来の暮らしや人の関係、「心」までもが投資の対象となった。助けてくれるのは、国でも会社でも組合でも町内会でも家族でもない。一人で「生きる力」をもった強い個人になること、自己防衛の必要性が叫ばれ、社会不安があおられた。政府の弱者切り捨ての政策もあって、棺桶に入るまで他人の世話にならないですむシステムにお金を投じるムードがつくられた。さらに、コンピュータや携帯電話などの普及で、どこにいようとさまざまな情報を瞬時に得ることができるようになり、個人と個人のやりとりが私たちの生活のなかで重要な位置を占めるようになってきた。

また企業は、少しでも安い労働力・生産財を調達するため、次々に工場をアジア諸国に移転させたため、日本国内の働き口が少なくなっていった。出口の見えない不況も重なり、学校を出ても仕事につけない若者が巷にあふれ、中高年のリストラの嵐が吹き荒れ、人々の生存競争はますます厳しさを増してきた。親の労働条件の悪化や社会の個人化により、家族・地域のつながりはさらに希薄なものとなり、家庭内の不和、孤食、子捨てなどが社会問題化した。

そんな経済・社会のなか、学校は、子どもたち・保護者にとって、魅力のない存在になっていった。「学校のそとでも新しい知識を得ることができる」「学んでいることが子どもの将来の仕事につながっていかない」「集団生活の重要性があまり感じられない」「教えられる場ではなく分けられる場になっている」など、「子どもの面倒をしっかりみてくれない」学校への不満だけが強まった。教師は、いつのまにか「先生」ではなくなって、何の「権威」も尊敬もない「裸の王様」になっていることを思い知る。

そのなかで、子どもたちの鬱屈した思いは、自分自身や弱いものに向けられたり、「ムカツキ」「いらだち」による突発的な暴力行為として現われるようになってきた。そして、いままで教師たちが、学校のなかで懸命につなぎとめていたものさえくずれ始めてきた。

この数年で、札幌でも「学級崩壊」状態になっているクラスが急速に増加した。「授業中、立ち歩く」「担任の話をまるで聞かない」などはまだかわいいもので、友人は、五年生を担任していた時、理科の実験道具を壊したり、彫刻刀を振り回したりすることにも悩まされた。一度など、彼女の机の引出しの中に水を入れられ、教科書が水浸しになったこともあった。何とかしようとあせればあせるほど、子どもたちは好き勝手な行動に出るようになり、彼女は精神的に追いつめられていった。

「学級崩壊」というわけではないが、私も、六年生を受け持って、子どもたちの気持ちをつかめず大変苦労した。子どもたちは他人がどう思うかばかり気にして、自分の思いをみんなに語ろうとしない。友だちとのやさしいつながりを信じることができず、教室では陰口が横行していた。そうした子どもたちの虚無的な気分は、私にも向けられた。「授業中、先生が黒板に向かっている時、みんな違うことをしているんだよ」とこっそり教えてくれる子がいた。あせればあせるほど、説教がましい口調になり、子どもたちとの距離が開いていく。「何を言っても、乗ってこない」「子どもが何を考えているかわからない」……どんなにつらいことがあっても、教室に行けば忘れられたはずなのに、教室への足取りが重くなる。こんな経験ははじめてだった。私は、子どもたちにどうして受け入れてもらえないのかと思い悩んだ。

文部科学省は、個々の教師がカウンセリングマインドをもち、「共感」の目線に立った仕事をしようと心がければ、子どもとのすれ違いは改善できるとしている。たしかに私も「学級崩壊」を起こした友人も、もしかして冒頭の早期退職をした友人も、子どもへの「共感」が足りなかったのかもしれない。

しかし、その「共感」とは何だろう。相手を手中に入れるための「共感」ならば、子どもは、一瞬にして教師の「本音」を見抜き、けっして近づいてはこないと思う。考えてみれば若い頃は、子どもたちと年齢が近かったせいか、まだまだ教師に信頼があった時代だったせいか、子どもが遠くに感じられたことはなかった。とにかく私は、子どもたちと仲良くなりたい一心で、彼らの遊びの輪に入ったり、わが家に連れてきたり、交換日記をしたり、あの手この手で子どもとのつながりをつくろうと努力していた。しかし、最近の私は、子どもたちと仲良くなることより、できるようにさせたり、管理することにばかり目が向いていたということに気づいた。子どもとの関係に苦しむ友人たちも、似たような状態だったかもしれない。これは、先に述べた学校をめぐる厳しい現実に手を焼いているからにほかならないが、このままでは、「学校をおりる」子ども・教師が後をたたないことは明らかである。それをくいとめるためにも、子ども・保護者と教師との「意識のズレ」や、私たちの「指導」「教育」「管理」の目線の原因について、もっと詳しく解明していく必要がある。

2　いま教師たちを囲む現実

◎完全学校五日制の現実

このあいだ、同世代の教師仲間からメールが届いた。「今年になって学校のなかは、子どもにとってどうかなどろくに吟味もせず、昔のものは使えないみたいな流れがますます強くなってきています。私には、全然おもしろくない職場になりつつある。週の五日間は目が回るくらいの仕事に追われ、家にも山ほど仕事を持って帰っている。なのに世間からは、教師が楽をするための五日制みたいなことを言われ……。昔みたいに休み時間、子どもと遊ぶ気にもなれず、学級通信を書く気力もなくなりました。やる気のでない自分との闘いです」。二年前から組合専従として現場を離れ、完全学校五日制を知らない私に、彼女はその現状を伝えてくれた。

北教組が二〇〇二年九月に行なった実態調査では、完全学校五日制になって「時間にゆとりができた」と答えている学校は皆無だった。二〇〇一年十一月から十二月にかけて行なった抽出組合員約四千人による「勤務実態調査」では、教職員一人あたりの一か月の時間外勤務の平均は五一・四三時間、全体の三六%が五〇～一〇〇時間、なかでも「過労死認定基準」の一〇〇時間を超える教職員が一割以上となっていた。これは、隔週休みだった時の数字である。これから推測すると、超過勤務の実態は完全学校五日制になってさらに悪化していると思われる。

北教組は、「日本でも週休二日・学校五日制を実現し、おとなも子どもも地域のつながりのなかで暮らせるようにしたい」「学校の競争原理にしばられている子どもたちを解放したい」として、全国に先駆けて学校五日制に着目した。そして、学校五日制をめざす取り組みをすすめるなかで、目の前の子どもたちに一番必要な教育課程を自主編成し、子どもたち自身がのびのびと考え、表現し、行動できる場・自治の機会を設け、「わかる授業、楽しい学校」をつくろうと努力してきた。しかし、現実は、私たちがめざしてきたものからはほど遠いものになっている（北海道教職員組合・学テ裁判弁護団（編）『市民のための教育を』日本評論社、二〇〇二年）。

忙しくなった一番の原因は、教師が子どものためという大義名分のもとでたくさんの仕事を抱え込んだまま、二〇〇二年四月を迎えたことが大きい。

新学習指導要領の三割削減は系統性をふまえていないので、子どもにとっては非常にわかりにくい。いきおい教師は、それを補うための補習や宿題に時間を割かれることになるが、少しの時間を見つけては子どもたちの認識を育てようと粘る。「総合的な学習の時間」も、当初のふれこみとは違い、英語学習などの実用性や、奉仕活動やしつけ重視の環境教育など道徳的側面ばかりが強調されつつある。本当にこれが子どもたちのためになっているのかと疑いながらも、現実を見つめ、考えるなかで、自ら変革していこうとする力を育む学習に少しでも近づけようと夜遅くまで体験学習の準備に追われている。

子どもたちを何とか学校につなぎ止めてきた部活動を精選することも難しい。土曜休みがはじめて導入される時、「土曜日は子どもたちを解放する日である」として、行事や部活を入れることに歯止めをかけた。しかし、完全学校五日制になると、ウィークデーに凝縮された過密なカリキュラムは、放課後の子どもたちのゆとりを奪い、部活や少年団活動を行なうことも難しくしている。十分な活動を保障するには、土日に行なわざるをえない状況が生まれている。

こうした事情によって、私たちは、今まで以上に走り回って仕事をしても、持ち帰り仕事や残業の山を抱えるはめになった。子どもたちにとっては、次々わからないままにすすむ授業、友だちとたむろしてゆっくり話す暇もない学校生活、宿題の山、三割削減を補う塾通い、土日の部活動……となる。勉強ができなくとも塾に通わず、部活も時々さぼるわが家の子どもたちにとっては、自分たちの趣味に没頭できるのんびり有意義な土日のようにみえるが、成績は下がる一方だ。

月曜から金曜までの忙しさは、企業の効率の悪い部分を削ぎ落とす。労働者は毎日、限界の一二〇％まで働き、休みの日は死んだように寝ている。しかし、そのうち仕事の効率化がすすんでくると、一人で一日一〇〇やっていた仕事が、一二〇もできるようになり、いままで五人でやっていた仕事が四人で済むようになってくる。日本中、休みが増えたのに「過労死」は減らず、失業が増大しているのは、この「時間短縮」という名を借りた合理化のせいだ。

学校も、効率化がすすむなかで、「フツーの教師」「フツーの子ども」が求められるレベルがどんどん上がり、一方でそれについていけない教師や子どもは、学校からはじき出されている。これでは、子どもとの関係をつくるどころではない。これは、学校五日制のせいではない。私たちの願う学校五日制は、「教職員・保護者・地域の人々の八時間労働」と「目の前にいる子どもたちに一番必要な教育課程の自主編成」なしにはけっして実現しないからだ。

「生きる力」を育むことには程遠い選択学習

政府・文部科学省の「教育改革」は、「一人ひとりの子どもの思いを大事にしながら、個性を伸ばす教育をめざす」としているが、じつは「多様化・個性化」「自由な選択」という名の競争原理の導入になっている。それも、学校現場から「ゆとり」と「やる気」を奪う原因の一つだ。

「自ら課題を選択し、自らの力で解決していける力」＝「生きる力」を育てるため、子どもたちの興味・関心に基づく個別学習の時間を保障しようと、選択カリキュラムを「総合的な学習の時間」などに取り入れる学校が増えてきた。

ある研究校の小学校では、「原始人になろう」「近所の川を探ろう」「そばをつくろう」など子どもたちの興味を引きそうな多様な選択コースがつくられた。あくまで子ども「一人ひとりの思いを大事にする」ため、それぞれのコースの定員は決めない。課題に三人しか集まらないところもあるし、七〇人も集まってしまうところもある。人数があまり集まらなかった担当者は、今までの自分の課題設定のしかたや指導が悪かったか、子どもに嫌われているのではないかと気まずい気分になる。だが、担当する子どもが少ないのはありがたい。一方、一人では見きれないほど子どもが集まった担当者は、人気があって鼻は高いが、これからたくさんの子どもたちにどう対応しようかと呆然と頭を悩ます。教師どうしの切磋琢磨は重要だが、このやり方は、評価・競争させられているという気分の悪さがつきまとう。熱心な教師ややりがいのあるテーマは、子どもたちから敬遠されがちだということはわかっていても、教師たちは、この創意工夫競争についつい踊らされる。

　子どもたちのほうは、ふだんの授業に比べて目先が変わっているので、それなりに授業に期待するし楽しむが、先生方のふれこみほどには、おもしろくなかったという感想をもつ。「自分の力で解決せよ」といわれても、ものを考える前提となる知識や経験のない子どもたちにとって、そうそう簡単なことではない。この時間は、競争社会のなかを一人でも生きていけるたくましさ＝「生きる力」を育てる時間なので、人に聞くわけにもいかない。だから、自力解決できるのは一部の子に限られる。いきおい教師は、個別対応に追われ、疲れ果てることになる。集まった子どもが三人ならば楽だが、それはまずい。

　子どもの認識を育てるには、体験や活動を通して得られた自分なりの考えを交流し、互いに練り合うことが必要である。それによって、子どもは共に学び合う喜びを感じ、新たな学習意欲をもつ。そして、その根底には、子どもたちのなかに自分たちで考えたり決めたりする力を育むことが不可欠だ。戦後、教師たちは、その集団の力を借りながら、すし詰め学級のなかで、何とか子どもたちの認識を育てようとしてきた。こうした日本の昔ながらの授業形態は、時に集団主義、管理主義に陥ったり、マニュアル化に走ったりと反省点も多いが、よさもたくさんある。さまざまな個性、成長や経験の違う子どもたちの意見交換のない授業は、子どもの認識を深めないばかりか、無気力を醸成し、個別学習のなかに閉じこめることになり、人とうまくつながれない子どもたちをさらに孤立化させていくのではないかと危惧する。

「ゆとり」につながらない少人数学習

各学校に少人数学習を定着させるため、新たに教師を加配しようという制度が始まった。しかし、この加配を受け入れたことで、逆に多忙化や混乱を招いてしまった学校は少なくない。それは、加配される教員の数が一～二人でしかないからだ。たとえばクラスを半分に分けて少人数学習を行なおうとしたとき、当然、教師たちの授業数は倍になる。もちろん導入のしかたや規模にもよるが、「時間割が複雑になり変更しにくい」「教師一人当たりの持ち時間が一気に増える」など、教師の人数が増えたのに仕事に追いまくられるという現象が起きている。加配が適切に運用されているかを調べる当局の実態調査を恐れ、A組の教師がかぜで休んでいてもそこは自習にさせて、B組では予定通り二人で授業を行なったという話を耳にした。

全国の中学・高校では、選択科目を増やし、少人数学習を取り入れたことで、一人の教師が以前は一～二教科を三～四クラスに教えていたのが、五～七教科も持たされることになったという実態が報告されている。これでは、まともに教材研究をしようと思えば、寝る暇はないはずだ。少人数学習・個別学習は、たしかに必要な場面もあるが、いまの教員定数では他へのしわよせが大きすぎる。

「差別」の関係を持ち込む習熟度別クラス編成

現場では少人数学習は受け入れても、習熟度別（能力別）クラス編成については抵抗感が強い。それは、習熟度別クラス編成が十五の春に一点きざみで分けられて、「上位」の子にエリート意識をもたせ、「中位」の子にやる気をなくさせ、「下位」の子の学校を教育困難校にしてしまう適格者主義の受験体制の矛盾を教室に持ち込むことにつながるからだ。

しかし、全国的にみると、少しでも教員定数を増やすためには、少人数学習や習熟度別クラス編成のためのひも付き加配を受け入れざるをえない状況がつくられつつある。そのなかで、最近の学力低下論争のもと、「できる子」「できない子」を分けて教育するほうが子どもにとってもレベルに合った学習ができるし、何より効率的であるとする考え方が広がってきた。

日々の忙しさは、習熟度別クラス編成の導入や、教員は授業、養護教員は健康管理、「心の問題」は学校カウンセラーといった仕事の分業化をすすめている。分業は、子どもを効率よく面倒見ることができそうな気にさせる。だが、効率のよさと引き換えに、教室に「自分には関係がない」「おまえなんかあっちへいけ！」という差別の関係を持ち込むことにならないだろうか。

考えてみれば、母の時代の子どもたちは、五十人の複式学級のなかで、年齢も能力も違う者たちがみんなで支え合いながら学習していた。その頃の子どもたちのほうが、いまよりずっと熱心に学んでいたし、学習効果も高かったのではないかと思う。子どもをとりまく時代背景や学びに対する意欲が根本的に違うといわれればごもっともだが、私は、授業とは、差別のない安心できる環境のなかでの、子どもどうしの助け合いがあってこそ成立するものだと考える。

いまのままの学級定数でよいといっているわけではない。一クラスの人数を思い切って減らし、学校を運営する教職員の数を増やすことで、一人ひとりに目が届く体制をととのえることが何より優先されるべきである。少人数学習や習熟度別クラス編成など安上がりで小手先の方法では、いまの子どもたちの現状を変えるどころか、さらに深刻な状況に導いてしまうのではないだろうか。

人をバラバラにする「学校選択の自由」

現在、全国的規模で、高校を中心に小学校・中学校も視野に入れた学区の自由化がすすんでいる。「学校選択の自由」は、一見、自分に合った学校を選ぶことができるように思えるが、たとえば一学区に七十四校もの高校がひしめくある県では、一点きざみに七十四の序列がつくという。多くの子どもはより高いレベルの学校をめざすので、頂点にいない限りほとんどの子が不本意入学になってしまう。また、定期代が月二、三万、下宿や寮生活を強いられる子も出ているという。北海道でも「学区の自由化」が検討されているが、広大な地域、交通の便の悪さを考えると問題はさらに深刻である。

子どもの集まらない学校は、統廃合の対象や廃校の憂き目にあう。学校の偏差値ランクが下がることは、定員割れや学校が荒れることに直結すると、いま、公立も私立も、少しでも偏差値の高い子どもを集めるための「特色」づくりに躍起になっている。総合学科を新設し新しい科目をつくったり、進学コースをアピールしたり、部活動に力を入れたりと人集めに必死だが、そのなかで教師は、免許外の科目の教材研究や特色づくりの準備、部活動の実績づくりなどに追われ、労働基準法で定める「8時間労働」からは、程遠い暮らしを強いられている。

こうした学校の「特色」づくりは、人とつながり合って社会をよりよいものへと変えていこうとする教育実践にはつながりにくい。保護者は、荒れている学校・地域を避け、受験に有利な「詰め込み教育」をしてくれる学校を選ぶことは目に見えているし、子どもたちのほうは、目新しくて、しかも自分が楽できそうな学習に流れがちだからだ。

そして、何といっても、学校の偏差値ランクを上げるには、「できの悪い子」をやめさせるか、よそに回すのが一番手っ取り早い。私たちは、学ぶ場を失い人間不信に陥った子どもたちをこれ以上増やしてはならない。

「学区の自由化」は、放課後の子どもどうしの遊びを壊滅的にするだけでなく、保護者のつながりも断ち切っていく。保護者たちは、子どもが義務教育の間は、なり手がいないと愚痴を言い合いながらもPTA活動などを通し、地域の子育て仲間として、また、学校に対等にもの申せる集団としてつながり合ってきた。「学区の自由化」は、そのつながりを断ち切り、保護者・地域住民の学校との直接的なかかわりを封じる。一方で、地域の一部の有力者による「学校評議員制度」によって、校長中心の学校経営の後ろ盾づくりが始まっている。これでは、学校が保護者・地域に開かれるなど程遠く、ますます閉鎖的な場となっていくのは明らかだ。

いま、教師は、自ら地域のコミュニティーづくりの先頭に立ち、人々とつながって地域の教育力を回復させることを命じられ、地域行事への参加、「総合的な学習の時間」の授業準備など超多忙な毎日を強いられている。その努力は、地域の人々のつながりや保護者と教師との直接的な対話を断ち切る政策のなかで、徒労と化している。

◎失敗が許されない職場

職員室の協力・協働の関係も断ち切られている。

以前は、子どもの問題は、担任一人で引き起こしたわけではないし、担任一人で解決できることでもないという共通理解があった。だから、クラスのことで悩む仲間をみんなで励まし支えたものだ。また、

「難しい」子どもや、「難しい」クラスを受け持つことは、ベテラン教師のステータスであり、若い教師の腕試しでもあった。

しかし、いまは失敗は許されない。一度でも「学級崩壊」など起こそうものなら、学校・地域に知れ渡り、どこまでもついてまわる。「子どもの心を理解できない教師」「授業のへたな教師」「学級崩壊を引き起こす教師」を担任からはずし、研修させ、それでも改善がみられなかったら肩たたきをするという「指導力不足教師」の研修制度が全国的につくられはじめた。また、公務員制度改革の一貫として、教師の賃金も「能力」や「実績」に見合ったものとするため、教師に対する人事評価が検討されている。教室で起きるさまざまなトラブルがそのまま賃金にはねかえってくる時代になりつつあるのだ。

だから最近は、みな悩みなどない顔をして、自分のクラスの問題をひた隠しにする。そして、まわりに知れた頃には、深刻な事態になっている。管理職は、「『このクラスは私が受け持とう』と手をあげてくれる人が、本当に少なくなった」と嘆くが、試行錯誤や失敗が許されない職場では、自ら困難を引き受ける人が少なくなっていくのは当然である。

説明責任を問う風潮

最近の「説明責任」を問う風潮も、教師を苦しめている。何をするにも保護者の質問に納得のいく説明ができるような資料をそろえておかねばならない。そのため教師たちは、答弁のための資料集めに奔走する官僚のような状態になっている。

二〇〇二年四月から本格実施された絶対評価は、教師の「説明責任」への強迫観念に追い打ちをかけている。絶対評価の基準は、本来、それぞれの子どもの個人内にあったり、教師が定めるゆるやかなものであっていいはずだ。しかし、「説明責任」「受験」体制のもとでは、学習指導要領に照らした誰にでも納得のいく「客観的」な評価が求められる。

中学校は、内申書をつけなければならないから、事態はより深刻である。「関心・意欲・態度」まで評価せよとする観点別評価に基づいて、子どもたちのノートの丁寧さ、授業内の発言回数、授業中の態度や提出物のチェックや、小テストも含めた日常の成績や暮らしぶりなど、保護者・子どもを納得させるための根拠となる資料集めに追われている。新聞に、「愛国心」まで評価している学校があるとあったが、戦前の反省から、「国家は、国民の価値のありように関心を持たない」とした憲法・教育基本法の条項は、いったいどうなっているのだろう。「愛国心」の評価に対する説明責任を果たすためには、教師はどんな資料を集めればよいのだろうか。

「外的基準に準拠した評価」は、学習指導要領に基づく全国レベルの学力テストの実施を求める動きにつながっている。相対評価は、「共に暮らす仲間」のなかで、子どもたちを競争させねばならないジレンマがあった。しかし、とりあえず点数や資料さえあれば子どもたちを「1」から「5」にふりわけ、それで評価を終えることができた。「5」といわれても集団しだい。そのいいかげんさ、あいまいさがある意味子どもたちを救っていたといえなくもない。しかし、「全国一斉学力テスト」が導入されれば、子どもたちには、教室や学校の順位だけでなく、全国の順位がつきつけられる。

こうした「全国一斉の学力テスト」は、民営化の流れのなかで増えていくであろう私立の学校も学習指導要領にしばることができる。また、学校・教師間競争を促すための学校評価や教師の人事評価を行なう際の有効な資料となる。テストの点数が、子どもにも教師にも重くのしかかる。

しかし、私たちが集めている資料は、本当に子どもの能力や性格を示すものなのだろうか。もしかしたら、資料を集めれば集めるほど、私たちの子どもを見る目は曇り、本来の子どもの姿を見失っていくのではないだろうか。

「日の丸・君が代」の強制

一九九九年の「日の丸・君が代」の法制化以降、北海道にも強制の嵐が吹き荒れている。「日の丸・君が代」は、学校の「共に暮らす仲間」の関係を引き裂く。

法制化の翌年、私は、新卒時代の学校で取り扱わないことにして以来、一度もお目にかからなかった「君が代」や、会場の隅の三脚ではなく正面に堂々と掲げる「日の丸」とたたかっていた。

「いくら法制化されたといっても、『君が代』は、天皇の世の中が永遠に続きますようにと宣誓させる身分制を容認する差別の『歌』、『日の丸』は、臣民に天皇を讃えるために振らせる『旗』として、日本の侵略戦争の遂行にはなくてはならないものだった。その事実は消えない」「強制は、憲法『改正』論議でもとりざたされている日本を天皇中心とした立憲君主制へ戻そうとする動きの一つだ」「『日の丸・君が代』の果たした役割を知った子どもたちは、『国旗・国歌』なんだから敬うべきという強制を前にして、自分の疑問や思いを押し殺さなければならないことになる」「これだけ人それぞれ考えの違うものを学校教育や地域の人々の集まる卒・入学式に導入し、思想信条の自由を奪うことは、学校教育だけの問題ではない」と私をはじめ、組合の仲間はがんばった。しかし、管理職や一部の教師は、「いや、法制化されたのだから、マナーとして子どもたちに教えなければならない」「学習指導要領にあるものは、抜かせない」とつっぱねる。

意見が出尽くしたとき、司会が、「このままだと、いつまでも平行線です。時代ですからね。扱うことにしませんか」と口火を切った。長い沈黙が続いた。激しく論陣を張っていた私も、組合の仲間たちも、何だか力尽きていた。「生活かかってるからなぁ……」というつぶやきが聞こえてきた。「みなさん何もおっしゃらないので、賛同したこととします」と司会が小声で言った。国家が学校に土足で上がり込んできた瞬間、私の中で、何かが崩れた。思わず「一生、忘れません！」と捨てぜりふが口をつき、涙が頬をつたった。こんなことで泣くなんてと自分でも滑稽だったが、嗚咽でしばらく顔を上げられなかった。「日の丸・君が代」を容認した職員室は、妙にほっとして多弁になった。みんなの声が遠くに聞こえた。

その年の九月、文部科学省の圧力を受けた札幌市教育委員会は、教職員の激しい抵抗にあい、なかなかすすまぬ「日の丸・君が代」の導入を強行するため、市内の校長を一堂に集めて職務命令を発した。一方で、学校管理規則の改悪を行ない、校長権限を強化した。それによって、翌年の卒・入学式では、札幌市内の中学校は、政令指定都市のなかで最低の一三％だった「君が代」の実施率を九九％に、小学校では四〇％を一〇〇％にされてしまった。政府の「強制に及ぶものではない」とした国会答弁も、現場では、学習指導要領に記載されているとの理由から、憲法に定める思想信条の自由をまったく無視した状況になっている。

卒業生の最後の授業として、在校生みんなであたたかく送ってあげようと工夫されてきたステージ装飾や呼びかけが、「日の丸・君が代」にかき消されるならば、卒業式は必要ないという声も出ている。全国では、「君が代」斉唱のとき、子どもや教師の口が動いているかをチェックしている管理職・教育委員会もあると聞いた。

自分が拠って立つ「思想信条」という尊厳をないがしろにされ、納得できないことを子どもたちに強いていかなければならないという抑圧感は、教師の感受性を鈍化させ、無気力にする。

◎主任制度の押しつけ

そんな教師たちを働かせるには、さらに管理して鞭打つしかない。教職員集団を分断する金はいらないとして、北教組がすすめてきた主任制反対闘争による「主任手当」の返還金は、数十億円に達する。そのたたかいを封じ込め、職場に主任を定着させようと、北海道教育委員会（道教委）は、北教組と交わした主任制度にかかわる「確認書」の一方的破棄を通告してきた。

二〇〇三年度から東京都で実施される主幹制度は、校長が任命し手当が支払われる従来の主任と違い、教育委員会が選考し合格した者が主幹となり、新たな給料表に基づく賃金を受け取ることになるという。主任制度は、教職員の徹底した反対運動によって、主任を中間管理職として位置づけることができなかったが、主幹はまったくの中間管理職としての位置づけである。

北海道の学校では、多くが主任という呼称さえ使わせていないが、一連の攻撃のなか、さまざまなかたちで主任制度が入り込んできている。職員会議の前に運営委員会が設けられ、根回しされている学校では、職員会議は承認のための機関に成り下がる。議論のない職員会議は、本音より建て前を横行させる。提出のための週案や日案、見せるための研究授業、自主研修より官制研修……。

上意下達の関係に置かれた人間は、自分のところから問題を起こさないために、部下だとされる人をこと細かく管理しようとする。しかし、組織をうまく動かそうと管理システムを整えれば整えるほど、職員は指示待ちになり、逆に組織はうまく動かなくなる。自分で考えたり決めたりすることが許されないからだ。

いま、管理職のなかに、「日の丸・君が代」のみならず、教育内容や運営にかかわるすべてを思いどおりにしたいという欲求が高まってきている。まるで民間企業の社長のような気分で職員に檄をとばし、校長自ら職員向けの通信を発行し、文部科学省の政策をいち早く伝えたり、参観日の懇談会等の持ち方や保護者・子どもへの対応について細かく指導する人も出てきた。職員会議の最中、「上司の命令が聞けないのか」と怒り出す校長もいるという。年度はじめにみんなで確認し決めたことが、校長の一存で次々に変えられてしまう学校も出てきた。私の友人は、「いくら議論しても、最終的には校長が決めるのだから、意見を出す意味がない」と学校運営の反省のためのアンケートを白紙で出した。

教職員組合つぶし

学校のなかで、人間としての権利を行使したり、対等平等にものを言う雰囲気が失われつつある。それは、教職員組合つぶしの動きと比例する。労働者が人間としての尊厳を保つために憲法で保障されている労働組合は、弱者切り捨て・軍国主義化の政策のなか、法律で認められている労使間の約束事さえ、簡単に反故にされる状況に追い込まれている。なかでも「教育の自由」を守る団体としての役割も担う教職員組合に対する攻撃はすさまじい。

二〇〇一年三月、道教委は、文部科学省の圧力を受けて、三十年前に北教組と道教委とでとり交わした労使協定である「協定書」(46協定)の一方的な破棄を通告してきた。一九七一年、政府・文部省は、全国各地で起きた教職員の時間外勤務及び休日勤務(超勤)手当の支払いを求める訴訟が負けそうになったため、労働基準法で決められている超勤手当を払う代わりに、「国立及び公立の義務教育諸学校等の教育職員の給与等に関する特別措置法」(給特法)を定め、教師に四%の教職調整額を支払うことを決めた。この法律が施行されれば、教師は、実際の超勤や持ち帰り仕事の五分の一、一〇分の一の教職調整額で、無制限・無定量の勤務を強いられることになりかねない。各県の組合は、教育委員会とのあいだに「修学旅行など限定四項目以外は原則超勤はしないこと」、それでも、超勤は起こりうることから、その穴埋めと教師の自主研修を保障する意味を込めて、「長期休業中は、校外研修である」との「協定書」を結んだ。

北教組と道教委でとり交わした「協定書」は、超勤の歯止めのない教師たちに対して、管理職にものを言うための武器として使われ、カリキュラムの自主編成や教師の命と権利を守る役割を担ってきた。その「協定書」の一方的な破棄通告は、教師から労働者性と自主研修を行使する権利を奪うことにつながる。二〇〇二年十二月、そうした権利を何としても守り抜くために、北教組は、一六八七人の原告団を従えて、超勤訴訟にのぞむことにした。

いま、全国の教師の労働条件は、悪化の一途をたどっている。子どもから離れて自分自身を見つめ直し、次学期に備えてじっくり自主研修ができるせめてもの長期休業さえ奪われ、文部科学省の研修づけにされている教師も少なくない。「もし、自宅研修にしたければ、一日につきA４一枚のレポートを提出せよ」「計画書によれば、自宅で研修していることになっているけれど、本当に自宅にいるか電話するからな！」と言ってくる管理職もいるという。真実は多数決では決められないからこそ、学校は自由な教育活動が保障されなければならないし、教師は自主的な研修（研究と修養）が必要であるとする教育基本法の理念は、ここでもないがしろにされている。

また、義務教育費の国庫負担をやめて、財源のない地方に押しつける政策も、教師の労働条件の悪化に追い打ちをかけている。賃金の大幅カットのみならず、新採用の補充や加配の教職員を正職員ではなく講師でまかなっている現状が報告されている。職場の五分の一、四分の一が臨時採用の教師になっている学校もあるという。このままいくと、管理職と主任以外は期限付き採用となり、一般の教師は、低賃金・無権利状態を押しつけられるといった事態になりかねない。それは、ものを言えば首を切るぞと脅され、子どもたちと直接かかわる現場の声が封じられることにつながる。

そうした攻撃を跳ね返し、「教育の自由」と学校の「共に暮らす仲間」を守るには、やっぱりみんなでものを言っていくしかない。なのに、知ってか知らずか無関心を装い、つらい現実の不満はそのままに、気のおけない友人や家族に自分の心の居場所を求める人、表面だけ仲良しの楽しい職場をつくろうとする人、負けてばかりの組合に期待を失い、やめていく人が増えている。本当にそれで済むのだろうか。

3　学校の「共に暮らす仲間」を守る

国境を越えた資本のグローバル化のなかで、今後ますます、勝ち組・負け組の二極分化がすすみ、食うか食われるかの生存競争が世界中の人々を巻き込んでいくだろう。教育を受けられる人とそうでない人、飢えに苦しむ人とそうでない人、あげくには、爆弾を落とされても仕方のない国とそうでない国……。そんな差別が深まる社会のなかで、黒雲のように広がっていくさまざまな不満や不安や問題を覆い隠し、どんな待遇にも文句を言わず成果を上げていく労働者を育てるために、教師や子どもたちに対する「指導」「教育」「管理」「競争」「評価」「差別」「脅し」の目線は、さらに強まるに違いない。だが、それについていけない者たちもまた増加の一途をたどるだろう。人間は、こんな目線のなかで平気でいられるほど無神経な生き物ではないからだ。

二〇〇二年十一月一日～三日、私は、学校の未来に対する暗澹たる気分で、小樽で行なわれた組合の合同教育研究全道集会に参加した。そこには、有事立法成立、憲法・教育基本法改悪の瀬戸際に立たされた日本を憂いて、「教え子を再び戦場に送るな」と全道各地から集まってきたのべ五千三百人の仲間たちがいた。そして、夜を徹して語り合い、いま自分たちに何ができるか必死に考えた。結論は出ない。しかし、みんな覚悟だけはできた。

つながりが切れた地域のなかで、「共に暮らす仲間」との生身の関係が実感できず、私たちは、さまざまな情報に踊らされ、生きることへの不安だけが増幅させられている。もう一度、自分の暮らしを足場にして、「共に暮らす仲間」の確かなつながりと自分自身の感性を信じてみよう。本当はこうしたらよいのではないかと気づいていることは、声に出してみる。自分の置かれている現実を学び、とても許せないと思ったら断固たたかう。みんなが人間としてまともに生きたいと思うことが、社会を変える力になるとがんばるしかない。そして、組合は、人としての尊厳をないがしろにされ、苦しむ仲間の砦となりたい。世界を席巻している巨大な権力に対しては、まったくささやかな抵抗にすぎないかもしれないが、私たちにもまだまだできることはあるはずだ。

この教研集会で、日高の片田舎にある全校七十人の小さな小学校のレポートが心に残った。子どもたちに自治の力をつけようと実践を積み重ねてきたのに、あるとき児童会に立候補する子がいなくなってしまった。一生懸命呼びかけても、子どもたちは動こうとしない。

教師たちは、どうしたらよいか何度も何度も分会会議（職場の組合員の会議）や職員会議を開いて話し合った。「多忙化のなか、子どもが主人公といいながら、教師の思い描いたレールの上だけで活動させてはいなかったか」「いままでの自分たちの実践は、自己満足にすぎなかったのではないか」……そんな真摯な反省がなされた。そして、多忙化の原因となっている不必要な文書作成や子どものためという大義名分で押しつけていた活動をやめ、目の前の子どもにとって本当に必要なカリキュラムをつくろうと努力した。「しっかり話し合って、子どもたちが決める」「教師は、子どもたちに寄り添って一緒に考える」「みんなで成果を喜び合う」、そんな合い言葉で、もう一度子どものなかに自治の力を再生しようという実践が始まった。

卒業式も、お別れ会として、原案から子どもたちが考えた。時に子どもたちの決定は職員会議をも動かした。自分たちで決めたことをやり遂げて、お互い喜び合うとき、子どもたちのなかに大きな自信と次への取り組みへの力がわいてきた。「意見表明」「自己決定」という「人としての尊厳」を大事にされた子どもたちは、また、児童会に立候補するようになり、完全学校五日制のあれこれの心配をよそに、喜々として暮らしているという。

「一クラスたった十人の学校だからできた実践だ」といわれそうだ。でも、こんな社会にあっても、少人数で自主編成で子どもが主人公で、そして、教師がどーんと構えて学校の「共に暮らす仲間」を守ろうとふんばったら、これだけ学校は楽しくなると北海道の田舎から全国へ発信したい。

学校やそこで働く教師の置かれている立場は、私の両親の新卒時代はもとより、私の新卒時代とも大きく違っている。「権威」の失墜、子ども・保護者との「意識のズレ」、「学校をおりる」者の増加……。しかし、それらは、学校が絶対ではないことを私たちに知らせてくれた。そして自分たちの仕事を振り返るきっかけを与えてくれた。もっと気楽に、もっとあたりまえに考えようと。

学校は、子どもが一日の大半を過ごす場である。だからこそ、教師は、「指導」「教育」「管理」「競争」「評価」「差別」「脅し」をやめて、一人の人間として子どもたちに寄り添ってみることが大切だ。子どもが助けを求めてきたら、一緒に解決の方法を考える。率直に自分の考えを述べる。悪かったなと思ったら素直に謝る。そんな人としての自然なつきあいは、私たちに「ただ一緒にいること」そのものが、互いの尊厳を尊重し合っている関係であるということを気づかせてくれるだろう。「国」のため、「国民」のためといった大義ではなくて、二度と戻らぬその一瞬一瞬の毎日を子どもたちと安心して暮らすことが大切だということも。

そして、そんな学校の「共に暮らす仲間」のなかで、子どももおとなも、黙っていても未来に向かって動き始めるに違いない。

第8章　いま教師たちはどのような人間関係を生きているのか

日本教職員組合の研究機関「国民教育文化総合研究所」は、一九九九年に「学校システムをめぐる人と人との関係論」研究委員会を発足させた。その研究の一環として、学校内の人間関係を知るために、教職員へのアンケートを実施した。これはアンケートの集約結果に基づく報告である。

1　教師たちがぶつかっている三つの型の問題

●アンケートの性格

二〇〇一年一月二十七日から二十九日にかけ第五〇次の教研全国集会が開かれ、六つの分科会（美術教育・生活指導・文化活動・進路指導・教育課程・総合学習）の参加者計八一〇人に質問用紙を配り、そのうち一三〇人から回答を得た。ここでは現在の学校内人間関係を知るためのエピソードを集めようとし、「アレ！へんだな、と感じたり、あるいは腹が立ったこと」「おもしろいな、と感じたり、あるいはうれしかったこと」という二種類の質問で、マイナスとプラスイメージのエピソードを自由記述式で書いてもらった。

母集団に比べ回答数が少ないので、発言内容の統計的処理はあまり意味がない。自由記述式の性格を生かし、ニュアンスを損なわずに生の声を紹介しつつ、現状の人間関係のどこに問題があるのかを探りだすことをめざした。発言の全文を紹介できないので、趣旨を損なわぬよう短くしたり、意味が通じやすいように書き直した部分がある。

回答文を読むと時代の変化を感じる。つまり、①ずっと昔からの問題、②一九六〇年代の学校にありそうな問題、③一九九〇年以降の十年ほどの現代的な問題、が混在している。そこで発言内容を性格別に三つの時代に分けて紹介することにした。

前近代型。職場や地域がいわゆる「封建的」で、十分に近代化されていないから生ずる問題。あるいは近代以前から延々と続いている人間関係の問題。

六〇年代型。一九六〇年から一九九〇年まで、つまり高度経済成長期からバブル崩壊まで、経済が比較的安定した時代を背景にした学校における人間関係の問題。

九〇年代型。一九九〇年以降の不況期の社会変化を背景に、さらに競争原理導入の教育改革が進められた結果から生まれた人間関係の問題。

前近代型問題の腹立ち

●入学式は新入生が主役という意味で彼らをステージに上げて祝福する習慣だったが、来賓から「私の挨拶を低い所からするのはおかしい」とクレームがつき、父母や教師の反対を押し切り、習慣が変更させられた。

●ＰＴＡの役員が管理職と一体になって日の丸の掲揚を強制してきた。
●教育長から地域全体の小中学校に一斉ボランティアを命令してきたが、校長は「おかしいと思うが命令なので逆らえない」といった。
●卒業式の時、女子教員が卒業証書を校長に手渡す役をするのが習慣になっているのはおかしい。
●転勤したら、職員用の男子トイレの掃除を女子職員がしているのを何度も目撃した。
●一人の男性教師がしばしばセクハラ発言をしているが、学校内の中心人物なので、強くは抵抗できないでいる。

教育長や地域のボス、それに学校内のボスの横暴さがある。女性教師が男子職員用トイレの掃除までするなど、性の役割分業も残っている。上意下達と男女差別の雰囲気がそのまま残っていて、まさに封建時代である。

六〇年代型問題の腹立ち

はじめに六〇年代型の時代背景を述べておきたい。この時期は高度経済成長の大量生産・大量消費があり、後に低成長期の多品種・少量・短期生産に変わるが、いずれも労働組合の強い時期であった。これは生産現場で労働者が集団で働いていたことがかかわっている。西欧の労組は横断的で、雇用や解雇条件、配置転換、裁量範囲、標準作業量等を労使で協定していた。日本は企業内労組が主で、西欧型に比べ協定内容が曖昧だが、年功序列賃金体系と終身雇用制が守られ、定期昇給やベースアップがあり、財形貯蓄や企業年金や社内厚生も充実していた。この社会的背景のもとに、学校にも平等と公平の理念があり、集団として仲良く生活していこうとする雰囲気があった。六〇年代型の不満とは、この集団の和を乱す行為である。以下に見てみよう。

管理職の無能性

●教頭が職員会議の内容を無理解のまま、生徒や保護者に伝え、不信感をつのらせている。
●校長がいつも一部の教師のみと相談している。
●同じ問題を処理するのに、教師によって管理職の対応が違う。
●学級崩壊や不登校や虐待等の難しい問題に、管理職が力不足で対処できない。
●校長が非行生徒にお説教するとき「クズ」呼ばわりしていた。
●教頭が「私は子どもの名前など覚えていない」といい、子どもとのかかわりを拒否している。
●管理職になる前となった後で一八〇度姿勢が変わった。
●校長は一言でいえば自己保身のみ、教育の展望をもっていない。
●管理職は上ばかり見ていて、子どもや教師と話し合わない。

管理職の無能さを指摘した発言が多い。この六〇年代型の腹立ちのなかでは、管理職への不満が最も多いのが特徴的である。

学校選択の自由と制約

●この地域では、生徒の進学先である高校の選択幅がきわめて小さく、一向に改善されないのに腹が立つ。（中学校・四〇代男性）

このように制度に対する不満もある。現在、教育改革が進行中であり、改革の目玉として学校選択の自由が叫ばれ、小・中学校で実施されている（東京都の品川区・豊島区・日野市・岐阜県の穂積町・三重県の紀宝町等々）。これらの不満が妥当か否かの判断は保留せざるをえない。というのも、九〇年代型の腹立ちのなかで、高校側から学区制改革への不満が書かれたものがあり、そこで一緒に論じたいからである。

学級王国

●転勤したてのとき、同僚から「生徒個々の問題に立ち入るな」と警告された。
●小学校は学級王国、他人の批判を受けつけない人がいる。
●学校内の派閥がトラブルの元になっている。
●年配の人が指導力不足で、本人が気づかないので困っている。
●学校内の機密事項を地域や他の学校にいいふらす同僚がいて困る。

「生徒の個々の問題に立ち入るな」というのは「教師間の結束を大事にしろ」という意味が含まれている。「学級王国」批判も「一人で勝手にやるな」という意味にとれ、派閥や年配者の指導力不足や機密漏洩批判は、総じて、学校内の教職員が「団結しなくてはならない」と回答者が思っていることから生じている。これが六〇年代型の悩みの特徴といえる。機密漏洩批判について、いまは情報公開や説明責任（アカウンタビリティ）が叫ばれ、内申書も公開を迫られている。回答者は時代遅れの感があるが、じつは背景に、九〇年代型の現実があるからかもしれない。

◎九〇年代型問題の腹立ち

はじめに九〇年代型の時代背景を述べたい。特徴は経済のグローバリズムにある。ソヴィエトの社会主義が崩壊すると、金融資本を中心に新自由主義経済を唱える国際資本が勢いを得て、グローバルスタンダードや市場原理の名のもとに、効率と競争と規制緩和を主張しはじめる。ヘッジファンドの暗躍で各国に通貨危機が襲う。一九九二年欧州、九四年メキシコ、九五年アルゼンチン、九七年タイをはじめとして東アジアと東南アジア全域、さらには九八年のロシアから中南米、さらにアメリカでさえ株価の下落を招くに至る。国際的な投機資本の一人勝ちの時代が到来したのである。国際的投機資本の特徴は各国の国民の生活や福祉に責任を負わない点にある。この国際資本の前に、以前なら労組や市民に譲歩を強いられた民族資本や国家は力を失い、社会保障や福祉の切り下げや、年金の先行き不安も生じている。

昔の企業は電気洗濯機等の商品を家庭や地域を対象に売り出したのに、いまは携帯電話に代表される商品を個人を対象に売る。グローバリズム経済の消費社会は人と人との関係を引き裂き、個人化を進めていく。

個人化の波は労働市場も襲う。日本型の年功序列や終身雇用の時代は終わり、能力主義の名のもとに勤務評定は個人を対象に行なわれる。そのうえ、企業の倒産が相次ぎ、合理化のためのリストラと失業の不安が襲いかかる。労働移動が常態化し、労働者はバラバラな個人として競争社会にさらされることになる。ロボットや電子機器やＩＴの登場で第三次産業革命が進行しつつある。技術は集約化され少数エリートに裁量権が集中し、経営と現場を結ぶ中間管理職は不要となる。多数の労働者が単純で無機質で代替可能の労働に追いやられる。正規職員が減り契約社員や派遣労働が増え、パートやバイトが増える。日本のパート労働者は一千万人で全雇用者の二割を占める。若年労働者の正規従業員のうち一九〇万人は一日平均十三時間の過労を強いられ、一方で三五〇万人のフリーターがいて将来への不安を抱えている。

この社会変化のなかで世界各国で教育改革が進められている。その共通理念は教育への市場原理の導入にある。第一は、公教育の縮小。合理化のための統廃合と私企業を教育に参加させる規制緩和である。

第二は、説明責任（アカウンタビリティ）。教育成果を説明できることが要求される。その一つとして保護者の学校選択の自由がある。第三は、教師の新人事考課がある。教師の能力を個人別に評定し、給与と地位に差をつける。日本の場合も将来的に年功序列と終身雇用が廃止される方向に進む。

第四は、各学校の裁量権の増加にある。校長の権限を強化し、小回りのきく改革を重ねて他校と競争させる。その一環として学校評議会制もある。第五は、専門の分化。アメリカではＬＤ（学習困難児対象）・テスト（知能検査・性格テストを専門にする）・家庭訪問（担任に代わって家庭訪問だけし記録と報告をする）・スピーチセラピスト（言語障害者対象）等と教師が専門分化しているが、日本でもスクールカウンセラーの導入がある。また資格により職制を細分する動きがある。

第六は、教育内容の改革である。これだけは欧米と日本では逆向きになっている。日本の総合学習にあたる問題解決学習は昔の欧米でさかんであったが、欧米の現在はこれを修正しつつ、説明責任にこたえるために、基礎学力や知識中心のテスト主義に変化しつつある。イギリスの教育改革は一九八八年に行なわれ、ナショナル・カリキュラムを制定しナショナル・テストを施行した。また学校選択の指標を提供するリーグテーブル（テスト平均点等を記して保護者の参考にする）を毎年出している。現ブレア政権は二〇〇一年、学力向上を最優先課題にし、テスト重視、私学減税、普通高校を減らし技術高校を増やす政策を発表している。アメリカのブッシュ大統領も二〇〇一年の年頭施政方針演説で、教育の最重点課題は「アカウンタビリティとテストだ」と述べている。さて、こうした時代背景を念頭においたうえで、いまの教師たちが抱えている腹立ちについて、項目に分けてみていくことにする。

学校選択の自由の弊害

●地域で入試改革が行なわれ、その結果、私の勤務校が底辺高になってしまった。そこで教職員の学

校づくりの熱意が一気に冷めてしまった。(高校・三〇代男性)

これは学区制改革の矛盾を指摘した発言である。六〇年代型の腹立ちのなかで中学教師が学校選択幅の拡大を要求していたが、大学区にすると必ず底辺校ができる。それは教師の努力と無関係に成績のいい生徒が入った学校の評判が上がり、成績の悪い生徒の入った学校の評判が下がるのである。

学校選択の自由が行なわれて十数年を経たイギリスでは、どの学校にも入れてもらえない永久追放者の生徒が出て、その数は毎年一万二千人ほどになっている。学校が非行や落ちこぼれ生徒を入れると、リーグテーブルの評価が落ちるからである。

日本の小・中学校の選択の自由化は、選択基準の開示が不十分なために弊害はまだ出ていない。だが高校の場合、大学区にした地域では偏差値輪切り体制ができたことは誰でも知っている。選択基準は偏差値になり、「ユニークさ」や「独自性」という曖昧な基準は消えてしまう。ここでは、「悪貨が良貨を駆逐する」という現象が起こるのである。

総合学習の欠点

●総合学習のため、従来自分の学校でやっていた反復学習の時間数が減った。保護者からもっと普通教科の時間を増やしてほしいとの要望がでた。(小学校・三〇代男性)

●総合学習で電力のことを調べさせたが、インターネットで伝えられるのが、大手電力会社の「原発の安全性と効用」を強調するものばかりだった。(中学校・四〇代男性)

総合学習の目的は「自ら学ぶ姿勢」「体験や協力」「問題解決過程の重視」といわれるが、実施には新たな困難がある。それを要約すると以下のようになる。

①基礎や基本の学習や反復学習等の時間が少なく、学力格差を温存するか拡大し、全体として知識テ

ストの点数が落ちる傾向がある。

②地域や家庭の文化的背景が影響し、問題解決のための人的環境や抽象的思考に恵まれた家庭の子と、そうでない子の格差が生じる。

③生徒の学力差より意欲格差に問題があり、これが拡大する可能性がある。意欲差は不登校・非行・家庭崩壊・消費文化・単純無機質労働の増加・中間層やサラリーマンの没落・身近なおとなモデルの喪失等と関連しており、かなり困難な社会問題である。

④生徒が手にするのが大企業や公的資料が多くなり、偏りが生じる。それを教師が是正しようとすれば、教師の主観や主張に左右され、また偏りが生じる。

⑤学習結果がすぐに出ないので、説明責任の指標になりえない。日本でも一九四〇年代後半にコア・カリキュラムや経験カリキュラムという総合学習に似た学習があったが、一九五〇年代に受験競争の前に姿を消したという経緯がある。これに限らず、自由主義教育は、身分保証を含む教育の人材配分機能の前に無力であることが多い。

評価の矛盾

●興味や関心や技能だけ飛び抜けていれば、一でも丸がつくはずだし、五でも丸がない場合もありうるはずだ。それなのに、相対評価で一の子どもの欄に丸をつけたら、先輩の先生に怒られた。

この学区では高校入試の内申評価として、五段階相対評価と、短文に丸をつける観点別絶対評価の二つを記入することになっている。この二評価を関連させるため、観点別絶対評価欄に丸が三つか四つあったら五、三つか二つだったら四と計算していく。この回答者は絶対評価を重視したため、「基準」に違反した。相対評価は入試に使う外部評価で、絶対評価は教師や生徒が自己評価する内部評価である。両者は互いに矛盾する。中学側の絶対評価を外部に出せば、高校側は他の中学との比較ができず、内申の意味を失う。これは誰が悪いというのではなく選別をする以上必ず生ずる矛盾である。

管理職の高圧

●この一、二年、校長が高圧的になってきた。
●職員の意見や動向を無視するようになった。
●管理職と担当者だけで決め、他の職員は結論だけ知らされている。

こうした管理強化への不満をいう人が一三〇人の回答者のうちの二割弱いる（図８―１）。

九〇年代型で管理職側に向けられた腹立ちを要約すると、教育庁や校長の高圧的な態度の一点に集中している。これは「職員会議は諮問機関に過ぎず、校長の判断で事を進めろ」と教育庁が指導しているからである。教育への市場原理の導入にあたり「管理職が独自の見識をもち、独自の学校運営をし、来るべき競争に備えよ」との意味が込められている。

だが、旧来の官僚システムで上から任命される限り「独自の見識」をもつ校長は出にくい。ビジョンのない校長が、権限だけ強化

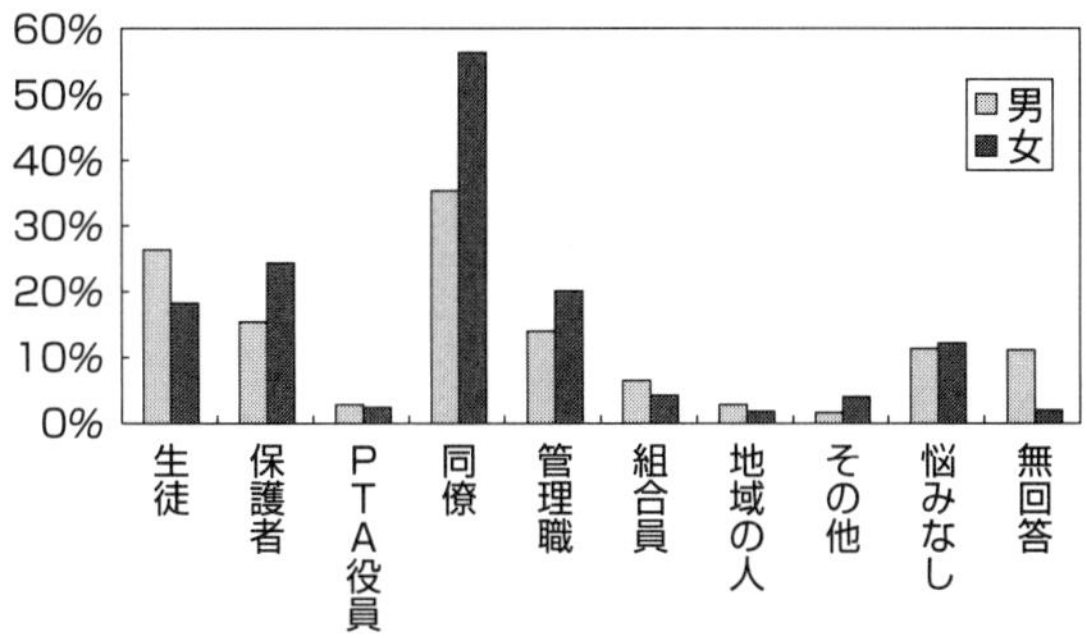

図8-1　対人関係に悩んでいる対象（男女別）

されいまのような事態を引き起こしている。独自の見識ある管理職とは何か。それは生徒・教職員や保護者の意向を汲み取り、互いのやる気を引き出し、刷新する勇気があり、みんなが協力できるコーディネーターとしての役割を意味する。だがそういう管理職がいいかどうかは問題である。英米では校長のなり手が不足し、重圧に耐え切れない校長の自殺もある。それほど、いまの教育状況が厳しいからだ。

じつは、回答者のなかでは管理職への不満より、同僚に対しての悩みのほうが多い。校種別に見ると高校で同僚との関係に悩んでいる率が高い（図8―2）。

多忙感

●教師は交代で週に一回早出して登校指導に当たるが、教頭は毎日この時間に来るので圧迫を感じる。（中学校・四〇代女性）

●昼休みの見回りがあり、はり切ってやる人もいるのだが……。（中学校・五〇代男性）

●勤務が一日七時間四五分だったが、今は八時間三〇分になった。（中学校・四〇代女性）

●多忙のため議論する暇がない。

●時間外勤務で何となく無理するムードができ上がっている。

●夏休みが取れなくなった。

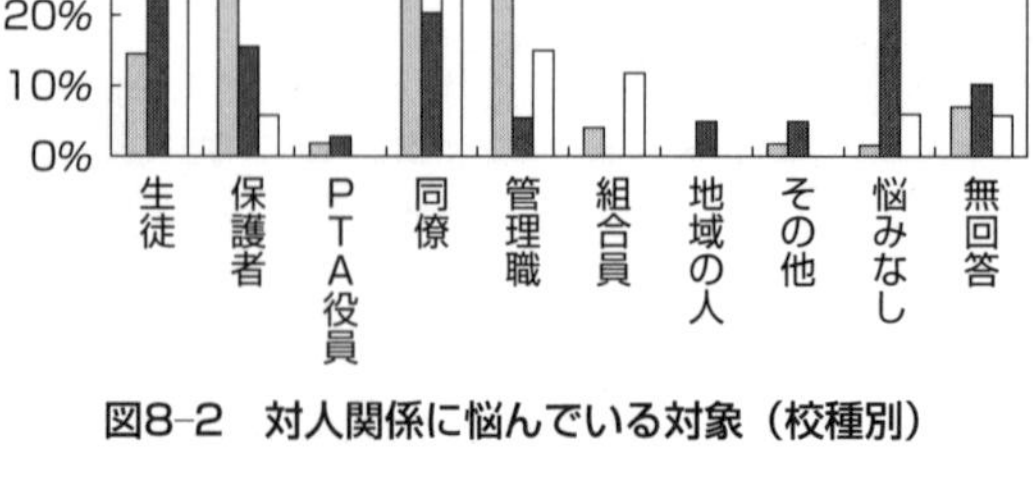

図8–2　対人関係に悩んでいる対象（校種別）

こうした漠然とした忙しさは四十年前には感じなかった。この背景として説明責任が考えられる。保護者や地域や一般の人々の教師に向けられる目が厳しくなった。企業には配転や出向やリストラがあり、正規の従業員は過労ぎみ、失業者は生活不安にあえいでいる。その苦しい立場から教師をみると「もっと、働かんかい」と思えてくるに違いない。こうした市民の声が議会や教育庁に伝えられることも多くなった。

勤労者が気持ちよく働くためには、人事の明瞭性と裁量権とよい仲間関係という三要素が必要だが、これが失われつつある。不当配転やリストラや過剰労働がよくないのだが、不満を少し恵まれた身近な人に、特に公務員に向ける傾向がある。労働市場全体の構造をこそ問題にすべきなのに……。この現象は教師どうしの葛藤の増加にもなっている。

同僚への不満

- 意見や性格の差が抜きさしならぬ対立に発展している。
- 異動してきて新しい職場になかなか馴染めない。
- やや欠点がある一人の人をみんなが集中して攻撃する雰囲気がある。
- 定時制にはさまざまな問題をもつ生徒がいる。以前なら生徒を抱え込む雰囲気があったが、いまは欠席時数を理由にバサバサ切り捨てている。
- 他人の失敗を冷たく非難する声が多くなった。

特に一人をみんなで集中攻撃するのは理由がどうあれいじめである。ここにあげた回答者は自分をも含む全体状況を客観視しているが、後にみるようにただ同僚批判する回答者もいる。この種の同僚攻撃は一三〇人の回答者の七、八割になり、管理職への不満よりはるかに目立つ。この雰囲気も以前にはなかったもので、今という時代が影響している。なお、日教組の教育政策調整室の「教職員の悩み調査報告」（二〇〇〇年十一月）では、人間関係の悩みを記入した二〇〇〇人のうち、管理職との関係は二四人で、同僚との関係をあげた人は一五三人で七七％に達している。個人を評定する新人事考課が始まり、勤務評定による特別昇給が普遍化し、主任制や強制異動も定着し、年功序列や終身雇用制が危うくなった。そのシステムに原因がありそうなのに、システム批判より同僚批判が多くなるのである。

ミニ権力という概念がある（ミシェル・フーコー『監獄の誕生』『主体と権力』等）。もともと権力は民衆に内面化して存在し、近親憎悪的に互いに攻撃しあうもので、上の権力はそれを利用するだけだという説である。つまり隣の人がミニ権力なのである。管理者よりも同僚のほうが監視が厳しい。父母や市民の教師や公務員への攻撃や、教師どうしの葛藤はミニ権力ではないのか。また教師が子どもにつらくあたるのもミニ権力ではないか。

ミニ権力は昔からあるが、それが出やすくなったのは、現代だからこそといえる。たとえば環境や資源問題を考えるとき、人々は被害者であると同時に加害者でもある。消費社会のなかで個人の欲望が無限に肥大化すると、欲望を阻むものが敵に見える。職業資格が千数百種類にも及ぶと、無資格の実力者と無能な有資格者の葛藤も生じる。

現在はグローバル化した資本が経済界で一人勝ちしているが、その正体が見えない。ヘッジファンドに資金を出すのは世界中の投資家であり、隣の人がインターネットで投資しているかもしれない。六〇年型資本主義なら、企業の経営者に賃上げや待遇改善の要求を突きつけ、国家に福祉政策を迫ることもできたが、いまは交渉相手を見失っている。

敵があまりに巨大で、姿が見えず、社会が進む方向を見失ったとき、ミニ権力が横行する。連合赤軍が革命を唱えて仲間を殺した事件があった。民族が団結すれば「苦境を脱する」と思い込み、昨日まで一緒に生活していた隣人を攻め、殺しあう国々がある。それが日本の教科書に現われたのが自国中心史観ではないか。侵略の事実を述べたら「自虐的」といい、自国中心の歴史を謳歌して「誇り」を取り戻そうとする。庶民の生活を圧迫し、人々の誇りを奪ったのは一人勝ちしているグローバリズム資本にあるのに……。

この状況から脱却するには、巨視的に全体を見る目を養う以外にない。ロボットや電子機器やＩＴが出て、生産力がこれほど発達した時代はかつてなかったのに、庶民の生活にゆとりがないのは、世界の利益分配機能に大きな欠点があるからである。

教師の個人化

●職員室では多くの人がパソコンをいじり、会話といえば「どのアイコンをクリックしたらどう処理できるのか」というものばかり。生徒や教育の話題は出てこない。
●若い教師たちのあいだで、意見をいうのを避ける傾向がある。
●職員会議で発言しない人が増えた。
●親睦会に一切でない人がいる。
●若い教師は自分の判断がなく、マニュアルで行動している。
●趣味に走って教育研究を全然しない人がいる。

職場がバラバラなようすがわかる。ここでの回答者は組合員でしかも、四〇代と五〇代の人たちである。この人たちは六〇年代型の職場集団を念頭において、今の同僚を批判している。先に紹介した発言と比べると、回答者自身が同僚に攻撃的になっている。

無礼と非常識

●考え方の違いを同僚から批判されてくやしかった。

●自分の提案に同僚からクレームをつけられて、腹が立った。

批判やクレームそのものに腹を立てており、その批判の内容が正当であるか否かが書かれておらず、回答者自身の客観性がさらに薄くなっている。

●若い教師がじつに無礼だ。
●こちらから挨拶しても無視する人がいる。

この発言では「無礼」をとがめてもう「許せない」という攻撃的な気分が伝わってくる。だが、その「無礼」な相手を客観的に描写してくれたら状況がよりわかると思うが……。

●授業中に教員室にタバコを吸いにきたり、事務処理をしている人がいる。
●トイレのスリッパを履かないので注意したら、「履き替えないのが時代の流れだ」と言われた。
●自分が不快だと仕事をしない人がいる。
●すでに婚約している人に、ストーカーみたいにつきまとう人がいる。非常識だ。

「非常識」や「変人」が告発されているが、常識を説いても相手に通じないようすである。価値の多様化というか、教師間の個人化が進んでいるようすがうかがえる。むろん常識を考えれば回答者のいうとおりだが、気になるのは、細かい観察や厳しい監視の目である。たとえばトイレのスリッパ。二足制なら履き代えるのが常識だが、欧米や都心のビルでは一足制が一般的で、履き替える習慣がない。とすれば批判された人にも一理ある。「不快だと仕事をしない」とか「授業中のタバコや事務処理」はいけないことだが、不快や息抜きに別の理由があるかもしれない。そのことを共に考えることはできないだろうか。

職階制

●管理職は自分の気に入った人を主任にし、実力のある人が干されている。

校内の上下関係や分業は六〇年代からあるが、行政は九〇年以降にさらに強化しようとしている。だがこの発言にみられるように、現場での横の関係を分断し、人と人との軋轢を生んでいる。主任がいなくとも、合議制や交代責任制で事を進められるし、そのほうが人間関係が密になる。一度制度化されるとそれがあたりまえのように感じはじめるが、じつは上下関係や資格による格差は無意味なものが多い。いまは専門化・分業化の時代だというが、それは市場や効率の発想から出たものだ。むしろいまは人間にとって何が大切か、職場の人間関係にとって何が大切かの観点から、問い直すことのほうが大切だ。

専門家依存

●無差別に暴力をふるう子を専門機関へつれていき判定してもらうまで、管理職にも児童相談所にも理解してもらえず、対処まで一年かかった。この間被害者となったクラスみんなの精神的ケアをどうすればいいか。腹が立った。判定では「性格異常」と出た。

こうした児童のいるクラス運営は困難なことはよくわかる。これが学級崩壊の原因にもなる。だが大切なのは、周囲の教職員や保護者や生徒たち全体が問題を共有することであろう。問題があるのが悪いのではない、問題を共有できないのが悪いのだ。

そのうえでいうのだが、すぐに専門機関に連れていくことがいいことだろうか。精神医学の専門家はさまざまな病名をつける。ADHD（注意欠陥多動性障害）・アスペルガー症候群・解離性障害・強迫性障害・パニック障害等々。また人格障害にも妄想性・分裂病質・反社会的・境界性・演技性・自己愛性・回避性・依存性等がある。名称をつけられるとわかった気がするが、専門家が何をしてくれるのか。当人も病名をつけられてどうなるのか。

いまは学校ばかりでなく、人類がかつて経験したことのない消費と情報と個人化した社会になり、社会全体に「人間の病理」が広がっている。この児童の生いたちや環境はどのようなものか。それを理解しつつ、みんなが協力して困難さを克服していく方法もある。

こういえば「きれいごというな」といわれそうである。教師は他の生徒の安全を保証しなくてはならず、授業を遅らせるわけにもいかない、一人の生徒に時間をとられると全体が損なわれる、といわれる。だが、たとえば二人担任制にするとか、保護者のボランティアを頼むとかの方法もある。行政や地域の協力を得る道もある。専門家を無視しろというのではない。だが専門依存の姿勢では問題を解消できないのではないか。なぜなら消費社会のサービスや専門依存の風潮が人間関係を分断し、病理を生んでいるといえるからだ。周囲の人みんなが少しずつ、自分自身がかかわる覚悟がないと病理は広がるばかりだと思う。

親への不満

- 子どもが夜間外出しても、全然気にしない親がいる。
- 父親は家を出ていて、母親は別の男性と同棲して、しかも昼夜逆転の生活をしている。
- 何でも担任まかせの親がいる。
- 修学旅行の小遣いの額を、学校が決めてくれと親がいう。
- 少子化の影響だろう。日頃は冷静な親が子どもの進路となると理性を失いエゴイストになる。
- 授業中に自分の子どもだけよく見て欲しいという親がいる。
- 自分の子どもが手を上げても先生は当ててくれない「冷たい人だ」と、親から文句をいわれた。

現代の子捨てか養育放棄というべきか。崩壊か崩壊スレスレの家庭の子どもを学校が預かっている。つまり学校は託児機能を求められている。しかも、しつけを学校に求めてくる。六〇年代だったら、親のしつけ責任は暗黙の了解だったが、いまはそうはいかない。昔から親は自分の子の成績に関心があった。だが最近は「自分の子だけ」という態度が露骨になる。少なくとも教師にはそう見えているのだ。

説明責任要求

- 焼き芋大会の後に「火傷をした人いませんか」と聞いたら誰もいなかった。ところがその後電話がかかってきて、「うちの子が火傷してる、なんで気がつかないのか」と文句をいわれ腹が立った。
- たしかに対応がまずい面もあった。だがそのことを、いつまでもしつこく追及されたので頭にきた。
- こちらが誠意をもって対応しているのに、問題を直視せず、担任を批判してきて、腹が立った。
- 理科の授業で火を扱うので、厳しく生徒に注意したところ、「ヤクザみたいな怒り方をした」と直接教育委員会に訴えた親がいる。
- 気に入らないことをすぐに教育委員会に直訴する。

保護者の安全要求や言葉遣いへの要求があり、対応が悪いとしつこく非難し、教育委員会に訴えたりする。これは説明責任を求める時代風潮を反映している。だが教師は保護者の要求が強引だと感じ、内心ではそのミニ権力ぶりに辟易している。

価値観の違い

- 喫煙した生徒の親を呼んで注意したら、「たばこを吸うなら家で、とあれほど言ってるのに」と母親が言った。
- 小学生で頭髪を金色に染めている。親が使った残りで染めさせているようだ。親を指導することが難しい。

●毎晩のように外食し、毎日のように新しい服に変えているのに、教材費や給食費を催促するまで払わない親がいる。不思議議です。
●中学生に携帯電話をもたせるのは当然と思っている親がいる。

厄介なのは親と教師の価値観の違いである。タバコは法で未成年に禁止しているが、頭髪や外食や服装や携帯電話は消費社会と関係がある。携帯所持は小学校五年生の六・七％、中学二年生一六・三％（朝日新聞、二〇〇一年三月十五日）が持っている。「親を指導するのは難しい」と教師はいうが、その権限があるだろうか。ここでは教師のほうがミニ権力化している。親と教師は価値観の調整ができずに、互いに権力的になっている。

これまでにみた親への不満を要約すれば、①家庭崩壊の末に子捨て同然に、託児機能を求めている。②依存心が強く、家庭でするべきしつけを学校に求めている。③利己的に自分の子だけ学力を上げてほしいと要求してくる。しかも、これらの要求を当然の権利として求めてくるが、じつは保護者と教師の価値観に共通認識がなくなっているのである。

保護者は学校に対して、託児・しつけ・学力向上という三つの要求をもつ。これらに教師がこたえられればいいのだが、目の前の生徒は思うように動いてくれない。最後に教師の児童・生徒への不満をみておこう。

怠学気分

●教師は勉強させたがるが、生徒は勉強したがらない。
●最大の悩みは学習遅滞の生徒たちだ。
●基礎学力の伸びなやみとそこからくる不安感。
●教室で授業が成り立たない。

●中学三年のテスト中だのに勉強しない。廊下にダンボールで家を作りこもっている。風船に水をいれ廊下をびしゃびしゃにする。牛乳パックをけり壁で破裂させている。
●暴力や破壊行為など、生徒を理解するのに難しい場面が多い。
●授業中に携帯電話で話をしている。（中学校・四〇代女性）
●基本的生活習慣のなさが気になる。（中学校・三〇代男性）
●人前でお化粧するのは恥ずかしいことだと注意したら「わかったけど大丈夫、私は恥ずかしくないから」といわれた。（高校・四〇代女性）
●集団の中で平気で自分勝手な行動をすることが多くなった。（中学校・三〇代男性）

昔も勉強嫌いの生徒たちはいた。だが昨今の怠学気分はそれと質と量ともに違う。「できない」というより「する気がない」のだ。学力格差より意欲の格差が生じている。先にあげた日教組の「教職員の悩み調査報告」で、授業不成立を訴える教師は小学校で二一・一%、中学校で一五・五%、高校で五七・九%であり過半数に達する。ただ勉強しないのではない。生徒たちが荒れているのだ。教師は生徒のいたずらや校内暴力について多くを語りたがらないが、実情を世に示したほうがいい。ここにみるように教師の「指導」を無視する生徒が増え、のれんに腕押しという雰囲気である。

子どもたちの身体反応

●しらけた生徒が多くなり友だちのつながりもない。（中学校・四〇代女性）
●落ち着いて話ができない生徒が増えた。（高校・四〇代男性）
●子どもが年々幼くなり、指示がその場ではわかっても、時がたてば同じことをくり返す。（中学校・四〇代男性）
●いけないとわかっていても騒いでしまう子が多くなった。（中学校・三〇代男性）
●子どもとの心の距離が縮まらない。こちらの話が心の中に入っていかない子ども、困っている仲間を見ぬふりする子どもの態度にさびしさと苛立ちを感じる。（小学校・三〇代男性）

「しらけ」と表現されているが、生徒は学校の示すテーマに身体がついていかない。これは単なる反抗と違い身体反応である。子どものこの言動について二つの解釈がある。一つは「わがままだ」という解釈、もう一つは拒絶反応だという解釈である。前者は、少子化のため家庭で甘やかされ、消費社会のサービスに慣らされ、幼い者の世話をやいたことがなく、人間関係の経験も乏しいためだと説明される。現在進行中の教育改革で、全生徒にボランティアを強制しようとするのも、この解釈から出たものである。

もう一つは学校システムへの子どもたちの拒絶反応だと解釈する。勉強を忌み嫌い、教室に入ろうとせず、イライラしているようすは単なるわがままとは思えない。落ち着きがなくシラケているのも、わがままと表現するだけではとらえきれない面がある。彼らは勝手なことをするが、よく見ると確信犯に近い。そのうえ「頭でわかっていても身体がいうことをきかない」との観察にもあるように、身体的な拒絶反応を示している。

周知のように不登校者の数は年々上昇し、いじめや校内暴力は衰える気配がない。しかもこの現象は世界中の国々でみられる。このことは、第Ⅱ部第6章の2で原因になったと思われる要素を指摘した。(①文字文化と読み書き算盤の相対的低下、②教養の分散、③個人化の進展、④技能単純化、⑤集団行動が少なくなったこと、⑥学歴資格と職業資格のインフレと形骸化)。さらに、⑦一九九〇年以降の階層分化で貧富の差が開き、構造がクワイ型のようになったこと、⑧ITによる中流崩壊・中間管理職の没落・サラリーマン消滅の方向性があり、若者が身近なおとなモデルを見失っていること。⑨自己責任原則・心理主義・同一化の社会装置に若者が納得していないこと)。それらの要素をなす諸現象が南北格差を強化しつつ、世界的規模で起こっている。むろんこの変化を子どもが認識しているわけではなかろう。だが直観や予感が働き、学校が自分にとって意味あるものとは感じられなくなっている。おとなは自身の経験から学校の効用を信じて「お前の将来のためだよ」と自発的な服従を促すのだが、この声が子どもたちにはミニ権力者の声に聞こえ、どうにも身体が動かず、拒絶反応をしているのではないのか。

かつて男女差別に抗して女性が運動を始めた頃、身近なミニ権力者から「わがままだ」とか「生意気だ」といわれた。時代が進むとその発言が誤りだったとわかった。それと同じ過ちをいまのおとなたちが子どもたちにしていないだろうか。子どもたちの発言を聞くのも大切だが、それ以上に彼らの身体反応に注目すべきである。そうすると自分のミニ権力性に気づく。気づかない限り子どもたちと新たな関係は生まれてこないのではないだろうか。

2　教師たちがうれしかったと思っていること

アンケートでは腹が立ったことに加えて、「おもしろいと思ったことやうれしかったこと」についても回答を求めたが、そこでは一三〇人の回答者から一一七例のエピソードを得た。図8―3にみるように対象者別では生徒のことでおもしろいとかうれしいと思ったエピソードが六九例、全体の五九％を占めており、他の対象（保護者・管理職・同僚）より圧倒的に多い。教師がいかに子どもと共にいることを楽しんでいるかがわかる。ここでは対象者別（管理職・同僚等々）の分類をせず、年代のみを区分して、発言を紹介していきたい。

◎前近代型のうれしかったこと

「前近代型」というとマイナスイメージがあるが、ここでは「学校ができて以来、ずっと昔からあった教師の喜び」とでも表現したほうがいい。

●授業での子どもたちとのふれあい。
●生徒が本音で話をしてくれたとき。
●卒業生が来て在校中はいえなかった話をしてくれた。
●生徒の笑顔に接したとき。
●生徒とただ雑談をしているとき。
●生徒との心のふれあいやつながりを感じたとき。

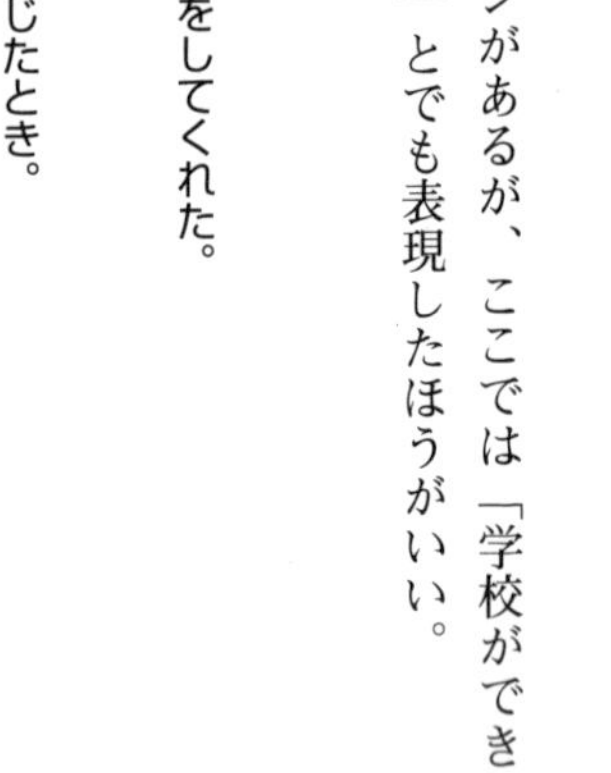

図8–3　うれしかったエピソードの対象

ここにはおとなと子ども、教師と生徒という上下関係を離れ、存在を認め合い、交流や再会そのものを楽しんでいる教師の姿がある。「二十四の瞳」や「やまびこ学校」では、教師と生徒が生活を共にするふれあいがあったが、いまは生活を共にするほどの貧困がない。だがいまでも、教師は生徒に無償の愛を注いでいる。「サラリーマン化した」といわれながら、いまなおこのように生徒に愛情をそそぐ教師がいるのである。

◎六〇年代型のうれしかったこと

共同の喜び

●卒業式にステージ正面に全員が登壇できる合唱台を百万円で購入、当日卒業生の言葉として合唱曲二曲、暗記による全員の群読が二十五分。じつに感動的だった。

●管理職を含む職員全体で学校行事を行ない、その他の問題も団結して対応できたこと。

生徒を含む学校全体が協力して行事や課題に取り組み、完成させ、解決した時の感動が伝わってくる。残念なことに九〇年代以降にはこうした感動の場面がきわめて少なくなっている。だからこそいっそう、この回答者は「感動」を強調しているのではないだろうか。

組合交渉の成果

●校長が拒否していた男女混合名簿をねばり強く交渉し、ついに勝ち取ったとき。

●自分のやりたいことを組合の先輩が一緒になって校長に交渉してくれた。

●支部で解決できないことを県本部が動いてくれた。(この三例はすべて小学校・三〇代男性)

六〇年代には交渉して勝ち取ることが多かった。だが九〇年代に入ると既得権すら剥奪されるようになった。だからこそ、みんなで協力して何かを勝ちとったとき、特に若い教師が感動している。団結や闘争の話をあまり聞かなくなったがなくなったわけではない。これからは「連帯・統一・ネットワーク」のかたちでこれを受け継ぐことが重要になっている。

親からの好評

●働く母親が弱音を聞かせてくれた。保護者と本音の話ができうれしかった。(中学校・四〇代女性)
●学校を信頼しています、評判が高いですよ、と保護者から感謝の言葉をもらったとき。

保護者の批判や非難が多くなったいまでも、教師を勇気づけてくれる保護者がいる。保護者と共感し、感謝されたとき、教師は素直に感動する。

仲間意識

●私が音頭をとり、同僚七人とＮＨＫのど自慢大会に出演したこと。
●二、三人の本音の言える同僚がいること。

のど自慢大会に同僚七人が気をそろえて出演できるとは仲のいいことである。いまでは古語でいう「ありがたきこと」になりつつあるので貴重な職場だと思う。

不登校者の登校

●不登校の生徒が登校してきたとき。
●不登校生徒が立ち直ってくれたこと。

これと同じ発言をした人が四人いた。これをみて複雑な思いがある。茨城大学の最近の調査によると、小・中学校の教師が感じる困難のトップは不登校四二％であるという（いじめ三二％、非行二四％、授業不成立一五％、朝日新聞、二〇〇一年三月十七日）。不登校者の登校は、教師が困難に勝つことを意味するので喜びには違いない。だが生徒が登校したらそれでいいのか。教師は立場上登校を促すが、生徒へのかかわりを深めた結果か、それとも単に登校しただけかが重要な分かれ道になる。「先生がうるさいから、仕方なく学校にきた」と生徒が思っていたら問題は尾を引く。不登校者のなかに「放っておいてくれ」という人もいる。放っておくと「教師は何もしてくれなかった」と不満をいう人もいる。両者は矛盾するが「放っておいてくれ」というのは「干渉しないでくれ」という意味であり、本音ではかかわりを求めている場合もあるので、かかわりの姿勢は大切だと思う。

授業の反応

●授業への生徒の反応がよかったとき。

こう書いた回答者が一〇人いる。そのうち、特に総合学習を取り上げた人が四人いた。また一〇人中七人が小学校、二人が中学校、一人が高校である。回答者のなかだけだが、授業に喜びを感じる教師は高学年になるほど少なくなる。授業がうまくいくのは教師にとってうれしいが、やはり心配が残されている。教師の思う通りに授業が進んでも、それだけでいいとはいえないからである。生徒が教師に順応しただけかもしれないからだ。

生徒の恭順さ

●女生徒の化粧が目立って増えてきたが、学校の方針をきちんと伝えて指導すると、自主的にきちんと守ってくれた。（高校・三〇代男性）

●集団としてのものの見方ができるようになり行事でまとまる雰囲気をつくりだした。（中学校・三〇代男性）

●自己中心的な生徒が、教師である私の立場に立ってものを考えるように変化した。（中学校・四〇代男性）

この回答をみると心配はいっそう大きくなる。お化粧について一切の制限をしない学校もある。家庭のしつけの領域であり、あるいは本人の判断に任せるべきことでもあるからだ。自己中心的生徒がいると学級経営がしにくいが、「個性」と「自己中心」とは紙一重である。集団や教師の立場からのみ生徒を見るのは、教師がミニ権力者になる危険性がある。学校の習慣や内規を、そのまま肯定していると、メディアのコミュニケーションに慣らされた生徒と感覚のズレが生じ、それがコミュニケーションを阻害する場合が多いからである。

「教師は権力である」「力づくでズレを修正すべき」という意見もある。感覚のズレを意識し、権力であることを自覚するのは無自覚よりいい。だが、生徒と教師の関係やコミュニケーションの質を変えようとするならば、ミニ権力の座から下りる姿勢がなくてはならない。生徒と対等な立場で話し合う瞬間が、学校のなかにもあり得ると思う。教師の喜びが既成の規則を当然の前提にしている限り、生徒と新しい関係はつくりにくい。

九〇年代型のうれしかったこと

生徒との交流

- 登校拒否だった子が、いろいろな人に自信をもって話をし、活動している姿を見て、とてもうれしかった。（小学校・三〇代男性）

先の六〇年代型では「不登校生徒が再び登校した」と学校に戻ったことを評価していたが、九〇年代型に分類したこの教師は生徒の動きそのものを見ている。つまり、生徒がどう生きているかを見る眼を備えていて、このほうが新たな関係をつくりやすい。

地域交流

- 地域や保護者のゲスト・ティーチャーを学校に迎え、子どもと交流した。
- 卒業生のいる中学の授業を参観したり、中学の教師が小学校にきて授業参観した。
- 市役所の部長と下水道課長が資料を届けてくれたり、市議会議員が学校に来てくれた。

従来は校内だけで活動していた教師が外部の人と接触するようになった。こうした交流は貴重だが、何かもの足りない。新しく交流が始まったことを紹介しているが、関係の質がどう変わったか、どう深まったのかが書かれていないからである。だが次の発言はコミュニケーションの質にふれている。

●地域と交流し、地域の人々がどれだけ子どもを大切にしているかがよくわかった。（小学校・三〇代女性）

この教師は地域との交流を通じて、自分が変化していることに気づいている。若い教師にこう感じさせたのは総合学習の成果である。総合学習は教師が体験を積むいいチャンスになっていることがわかる。

おもしろかったこと

アンケートでは「うれしかったこと」と同時に、「おもしろかったこと」も聞いているが、「おもしろかったこと」に重点をおいた回答がいくつかあった。

●同僚の一人が「生徒に学ぶ目的がない」と嘆いていたので、「あなたの子ども時代はどうだった」と聞いたら、「そういえば目的なかったなあ」といった。（高校・三〇代男性）

●子どもたちが教師のことをよく見ているし、教師の言動からすばやく人物を察知している。（中学校・四〇代男性）

●私が同僚教師のありようについて「おかしい」と感じていると、同質の疑問や不満や怒りを、とりわけ疎外されている生徒ほど強く感じていることを、折々にふっと話してくれる場面が少なくない。（高校・五〇代男性）

現代は目的喪失の時代だ。このように自分の立場や意識を客観視して、生徒と同じ地平に立つと、意外に早く生徒とのコミュニケーションがとれるかもしれない。人間関係がバラバラになっているが、それに無自覚な人が多い。だが、そうした状況を感じとる感性を生徒と教師が共有している。この共感はきわめて大切なのではないか。

●パソコン購入の時、同僚の一人が親身になって教えてくれた。（小学校・三〇代女性）

●遊びを通じて、人とのかかわりができたとき。（小学校・三〇代男性）
●メールで生徒や保護者と連絡しあうこと。（中学校・四〇代男性）。

六〇年代型の教師が聞いたら「そんなことがどうして」といいそうだが、遊びやパソコンやメールで、個人的交流が始まっていることは見逃せない。教育に関係あろうがなかろうが、個人的つながりが学校の内外に広まっていく。職員室でパソコン操作している教師が、誰と交信しているかはわからない。メディアと遊びは着実に人間関係を変えていく。善悪を抜きにして、この関係の質がどうなっていくのかを見つめていきたい。

3　現状分析の先に見えてくるもの

グローバリズムと学校

これまでアンケート回答を紹介して、それぞれコメントを加えてきた。これまでみてきたとおり、全国の教師が人間関係で多くの不満をもっていることがわかった。一三〇人の回答者の不満のエピソード数を対象者別に集計すると、行政一五、全体の雰囲気一九、管理職四一、保護者三〇、生徒四〇であるのに、同僚が八九に達する。

不満の質を前近代型と六〇年代型と九〇年代型に分けたが、深刻なのは九〇年代型にある。図８―４・図８―５に示されるように、九〇年代型の腹が立つ話題が複数回答で一二二％に対し、うれしかった話題は二三％に過ぎない。逆に六〇年代型の腹が立つ話題は三五％であるのに、うれしかった話題は三〇％となっている。人間関係について「十数年前はよかったがいまはきわめてよくない」といっており、現在がいかにストレスの多い時期かがわかる。

九〇年以降にグローバリズム資本が猛威をふるい、効率と競争を旨とし、個人対象の商品開発と個人対象の労働評価をし、経済の結果を株価で計る風潮をもたらした。その影響を受け教育に市場原理が導入され、これが教師のストレスの元凶であるようにみえる。とすれば、教育への市場原理の導入に反対すればいいのだろうか。

だがそう簡単にはいかない。たとえば、このアンケート回答に組合員のなかで「学校選択の自由」を求める意見があり、その逆の意見もあった。年功より個人を評定する新人事考課制に反対する人は多いが、「年配教師で仕事ができない人がいる」という発言もあり、これは暗に新人事考課を肯定した声でもある。市場原理の導入にともなう人事の再編成には資格職制が使われるが、優位な立場の資格者が下位の資格者を助手のように思っている限り、職制反対の力は弱まる。強制異動を許したのは、居心地よい職場に長年居座る教師がいて、その人たちに反感をもつ教師がいたからである。

公教育の縮小案にはかなり多くの教師が賛成する。教師の任務は授業するだけ、午前中に授業が終わり、午後は地域や民間の施設やクラブに任せるという考えに対して、生活指導に悩む困難校で賛成する教師は多い。総合学習を好意的に受け入れるのは小学校教師に多いが、受験負荷の大きい中学・高校や非行の多い困難校の教師は内心苦々しく思っている。

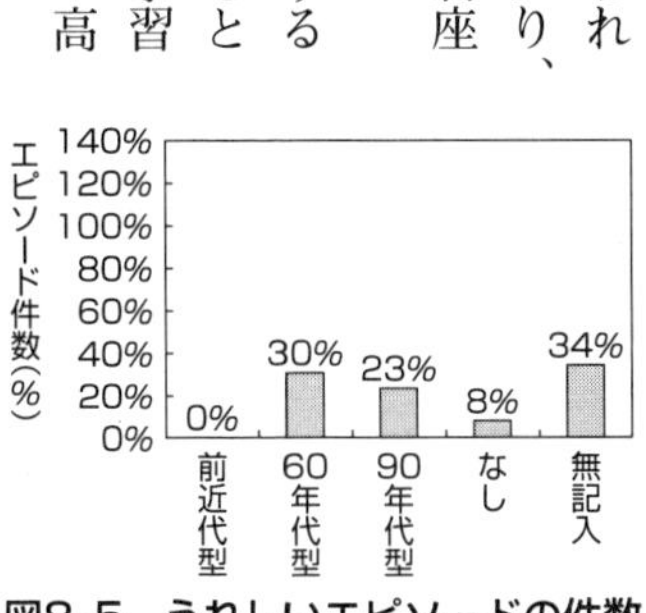

図8-5　うれしいエピソードの件数

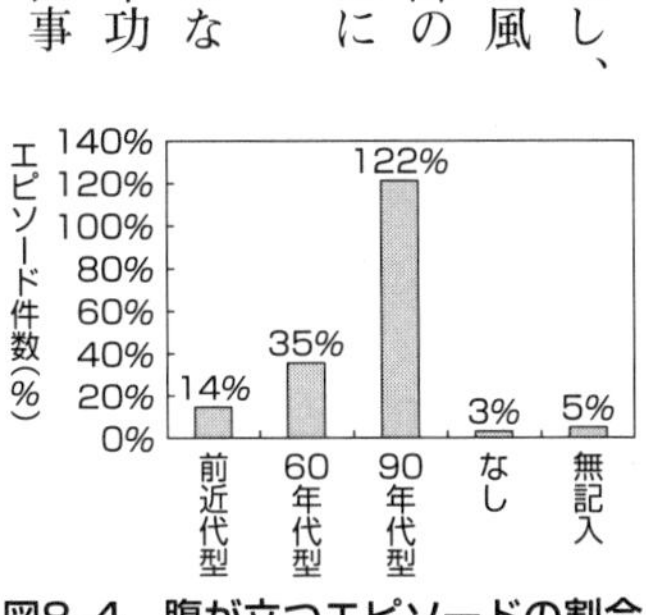

図8-4　腹が立つエピソードの割合

　このように、教師内部の立場の差や意見の違いが錯綜しているのが現代である。網の目のように絡まった圧力関係に気づかせてくれるのがミニ権力の概念である。権力は上からくるのではない。横からも下からも斜めからもくる。すぐ身近な人が、時には自分を圧迫する。互いにいがみあうミニ権力があるから、上からの支配も可能なのだ。

ミニ権力の構図を超えるために

　同僚に不満を感じるのはむしろ当然である。関係があるからこそ不満なのだ。意見や態度の差があるから不満なのだ。無関係の人には不満を感じない。だが、その不満を抜き差しならぬ対立に発展させたとき、自分をも拘束することになる。意見の差や立場の差を認めなくてはならない。差を認めて、そのうえで関係を持続すると、そこに発展もある。

　だから「奇人」「変人」「非常識人」をも含めその存在は認める必要がある。できないと思っても、一時妥協して、相手との共通項を探る以外に道はない。それが趣味や遊びや食べ物の趣向や世代共通の思い出や生活習慣など、何であってもかまわない。口をきかないよりましだからだ。それほどいまはつながりのほうが大切だからだ。つながりがあれば、関係の微修正ができ、ミニ権力の増幅をストップさせられる。対立があるのは仕方がない。だがその増幅は止めなくてはならない。それほど人間関係の修復が急務であるのだ。

　対立を緩和するもう一つの方法は、状況を俯瞰的に見ることである。自分と対立者の立場を相対化し、対立する人がなぜそのような態度をとるかの理由がわかってくると、「絶対正しい態度」などありえないこともわかってくる。こうなると反感も和らぐ。

たとえば保護者との関係をみよう。保護者は教師に子どもたちの託児としつけと学力を求めてくる。それを同時に果たすことはきわめて困難なのに「教師に説明責任がある」と高飛車に要求してくる。ほんのささいなミスでも教育庁や校長に直訴する態度はまさにミニ権力そのものだ。だが、託児要求の背後に、家族の個人化や家庭機能の低下や離婚や家庭崩壊という現代的課題が潜んでいる。しつけ要求の背後に、子どもたちがメディアに親しみ、親のいうことを聞かなくなっているという事情がある。学力要求の背後に、リストラや出向の末に中間層とサラリーマンの没落という労働市場の変容があり、将来の生活不安と焦りがあり、ついエゴイスティックにならざるをえない面がある。

これは教師をも包みこむ同じ背景ではないか。こう考えれば保護者と教師が対立するいわれはない。互いに自らを客観視すれば、相手の意識と行動の意味がわかり、互いの立場の上からみれば、協力して取り組まねばならない課題が見えてくる。

だが親と教師が一致して子どもたちの前にミニ権力として立ちはだかるのは怖い。子どもたちはしつけを嫌い、勉強に身が入らず、それが身体的拒絶反応となって現われている。その身体反応には理由があることを知れば、自らの権力性を和らげる必要が生じる。

子どもが学校に求めているのは居場所ではないか。「友だちがいるから」という積極派から「他に行く所がないから」という消極派も含め、学校は重要な居場所になっている。自分の関心がわからず、将来の目的を見いだせず、勉強意欲がわかない者が多いから、そばにいて雑談をしながら、目的を一緒に考えてくれるおとなが必要になる。

「撫育」（可愛がって育てる）とか、「素暮らし」（起きて、寝て、食べて、遊んで、一緒に暮らす）とか、「共居」（何の目的もなく、ただ一緒にいる）という言葉が、もう一度見直される時代となってきた。

それほど現代社会の人間関係が複雑になり、バラバラになり、ギスギスしてきたからだ。

アンケートの「うれしかったこと」の回答のなかに、子どもたちとのふれあいそのものを楽しむ教師たちの姿をみた。回答者の一割強の人たちがそのことにふれている。「しつけができた」とか「授業がうまくできた」というのではなく、子どもと一緒にいることを楽しんでいるのだ。ミニ権力の行き交ういま、この人たちの存在はきわめて重要である。

学校というシステムでは勉強としつけを正規の業務としていて、居場所機能は認めていない。教師が子どもとただ一緒にいるというのは、正規の業務ではない。だがおとながそばにいて、長時間を共に過ごす場は学校以外にそう多くはない。居場所機能は保護者の託児要求に合致するから、システムとしても正規の業務と認めたほうがいい。

地域とネットワーク

アンケート回答の一つに、小学校の若い教師が「親や地域の人が子どもをこんなにも大切に思っていることを知って感激した」という感想があった。「そんなことも知らなかったのか」という人がいるかもしれないが、かつての教師はそれほど学校のそとに出なかった。学校が閉じた空間だったのだ。その閉じた空間をこじ開けるには学校外の人とのつながりが必要である。忙しくするのではない、楽しんでつながるのだ。先に総合学習の欠点を述べたが、ここでは利点を利用したい。それは地域の人々とのつながりにある。特に組織的である必要もなく、趣味や何かの個人的なものでもかまわない。個人化の時代を逆手にとって、学校外の人との個人的なつながりをつくれば、教師を客観視することに役立つ。

先に学校の居場所機能について述べたが、学校外に子どもや若者のための民間の居場所ができている。

不登校やひきこもりや高校中退者が集い、スタッフが家庭訪問もしている。そのスタッフと個人的につきあうと、子どもや若者たちを見つめる目が教師と違っていることに気づくであろう。生徒との関係に悩んでいる教師にぜひ交流していただきたい。

家族や地域や組合などの中間集団が弱体化したいま、それを巻き返す力がネットワークにある。これは個人と個人のつながりが木の根のように広がり、互いに連絡がとれあう状態をいう。グローバル資本に対抗するには、庶民レベルでのネットワークが重要な武器になる。NGOやNPOはネットワーク機能をも備えているから、これを利用すべきだ。

ネットワークは、会員制よりテーマごとの参加制をとり、多数決制より参加者の合議制をとり、専従の数を減らし責任者交代制を取り入れる。労働組合もネットワークとの連帯で社会的課題に取り組める。組合が連携する前に、組合員個人がネットワークに参加する。幹部に「○○してくれ」と要求するのではなく、自分で行動を始め、その情報を組合幹部に伝える動きが大切だ。それが、組合の官僚化を防ぐことにもなる。

地域で関係を再構築する動きがある。若者にとっていま深刻なのは存在不安と通過不安であり、それをもたらしたのは集権社会における若者の出番の喪失にある。労働市場の構造変化で就職しがたい状況がある以上、就職しないで生きていく方法も考えねばならない。いま地域は居住区以上の意味をもちはじめている。地域の連携が居住区のそとに広がるからだ。その一つとして、有償ボランティアで相互に労働交換する地域貨幣の動きがある。千葉のひきこもり対象のNPO法人ニュースタートが印旛沼の筏による水質浄化の仕事に従事し、福生のNPO法人若者自立支援センターがフィリピンに施設をつくっている。イギリスのブレア政権はNPOとのコンパクト協定で若者に自然保護の仕事を与える約束をした。アメリカではニューカウントリースクールに州政府が直接公害調査を依頼した。これは市民と政府が一体化して若者の出番を創出した例である。

グローバリズム資本は市場原理をかかげ個人化を進めたが、資源の枯渇や環境破壊をもたらし、行く末は地球や人類の破局が待っている。それに抵抗するのに地産・地消・身土不二のテーマがある。その土地で生産されたものをその土地で消費する、それが人間の生に適しているという意味だ。この概念は学校を考えるときにも無視できない。寺子屋と違って、近代の学校は「立身出世」の中央志向を旨としていた。だが、近代そのものが問われだしたいま、寺子屋的な地域志向を振り返らざるをえない。教師が地域とつながり、ＮＰＯの運動に参加することがいま望まれている。

おわりに——学校こそは、関係の場

子ども・若者が学校に求めるものは、しだいに変わってきた。変化は一九七〇年代頃に始まり、旧来の学校のもつ役割とのズレは徐々に大きくなった。九〇年代に授業を成立させにくい事態が「学級崩壊」と名づけられるころには、ズレは誰の目にも明らかとなっている。時代の変化につれて、学校の知的権威や社会内権力の低下が生じたことがそこに関係している事情は、浜田寿美男が本書の第1章に述べているとおりである。

では、学校はもう必要ない存在なのだろうか。かつてのように知的権威を占有する存在という意味では、そのとおりかもしれない。しかし、現在の学校には新しい役割が表面化してきている。本書はその課題を分析・考察して、現在の学校のもつ意味をとらえ直そうとした。いま学校に必要なのはあれこれの教育改革ではなく、子ども・若者の実態から出発するパラダイム転換なのである。

◎人間関係力という基礎学力

一つのアンケート結果をみることから始めよう。大学生に「基礎学力」とは何のことかを尋ねたものだ。このアンケート結果を紹介した桜井智恵子は、「〈学び〉の欲求とズレた学校知の基準——『基礎学力と人間関係力』という意味」と題して、現在の子ども・若者の学力問題を論じている(『教育と文化』二四号、二〇〇一年)。桜井は担当する授業のなかで、教職資格希望の大学一、二年の学生にさきの質問をしたのだが、基礎学力の定義として最も多かったのは「人間関係力・コミュニケーション力」であったことを、予想外の発見として報告している。二〇二名の回答者のうち七二名(三六%)がそう答え、突出して一位を占めたのだ。従来、基礎学力といえば「読み・書き・計算＝3R's」が常識であったが、そう答えたのは四九名(二四%)で、二位であった。若者たちにとって「人間関係力」は、いまや学校に求められる基礎学力ととらえられるようになっていることがわかる。

桜井論文から、学生たちの具体的回答をいくつか引かせてもらおう。

●入基礎学力とは、自分で考えたり、生活したり、人とふれあうために必要な能力や知識や知恵を身につけること。
●自分だけでなく、相手もしくは他人のことまで考えて発言したり、行動したりするようになった時点で、基礎学力がついたといえると思う。読み・書きなどは、他人のまねをしたり教わったりしたら覚えていくけれど、自分の意見をもち、また相手のことまで考えられるようになるには、それなりの学習力や観察力などが必要になってくるので。
●人とコミュニケーションをとる能力だと思う。勉強についてではなく、人と関係をつくっていくという、生きていくための基礎になる力が、いまの子どもには不足している。
●子どもにとっての基礎学力とは、どれだけ楽しく遊ぶかだと思う。友だちといかに楽しく遊べるかという能力は、今後の人のふれあいに大きく影響し、生きていくうえで役に立つ。

基礎学力が人間関係能力だという学生たちの答えは、おそらく自分たちの学校体験から生まれているものなのだろう。学校でたくさんの知識を注ぎ込まれたが、自分たちに欠けている力は「コミュニケーション力」であり、その力はじつは、生きていくうえでの基礎なのだと実感している。そこで「基礎学力とは何か」と聞かれたときに、前述の数字が出てきているのだろう。

関係を教育化することの誤り

そこで、ここから先が問題となる。「だからこそ、新しい指導要領は『生きる力』を盛り込んでいるのだ。『新しい学力観』はそこをめざしている。『総合学習』もおなじ。『奉仕活動』や『心の教育』なども、人間関係力をはぐくむために役立ててもらいたい」などと、教育行政担当者の声がいまにも聞こえてきそうだからだ。しかし、本書で私たちが主張したいのは、そういうことではない。人間関係力をつけるためのカリキュラムを用意し、それを学校の表舞台に上げたとたんに、その役割は死んでしまう。子どもや若者はそこから逃走する。関係とはそういうものだ。関係は形としてつかまえにくい偶然にみちた生きものなので、人が人のなかで自ら学ぶことはできるが、教えるという性質のものではない。したがって、ていねいな関係教育をそのために用意するのは、見当違いなもくろみなのである。

一九六〇年代までの学校空間には人と人の関係があふれ、人が何気なく一緒にいる感覚は、好むと好まざるとにかかわらず、あたりまえのものだった。それは学習カリキュラムのように特設され計画される営みとは無縁の、人の集まりにつきものの自然な現象として存在していたし、そう認識されていた。親たちは「勉強はまあそこそこでも、学校は友だちと暮らしていろんなことを覚えるからね」と言ったり、子どもたちも「勉強はきらいだけど、友だちがいるから学校に行くのがおもしろい」と言ったりした。昔から学校には、何気なく人といること自体の恩恵があり――ケンカや仲違いを含めて――意図のないその「裏役割」が、子どもにもおとなにも、必要なものとして意識されていた。あらためて言うまでもなく、歴史のなかで学校は、ずっと「関係の場」だったのである。「関係」がいまさかんに取り沙汰されるのは、その場がこわれたということにほかならない。

たとえていうなら、カリキュラムが花壇に栽培される花であるとすれば、「関係」はどこにでもあたりまえに生える雑草とその地面のようなものなのだ。学校といえど、たかだか人の集まりである。関係という雑草は、どこにもしたたかに生える。しかし増えつづける「教育内容」と「評価」で学校の場が埋めつくされ、いわば地面のアスファルト整備が進むにつれて、学校は息苦しいところとなって、子どもや教師から人と共にいる楽しみを奪った。雑草が生えにくくなったのである。それでも子どもたちはしたたかに、雑草を生やしつづける。そうしないと生きていけないからだ。生える場が少ないので、時にそれは「いじめ」という苦しまぎれの雑草だったりもする。しかしそれは子どもの「心」や家庭教育のせいにされてすぐさま抜かれ、息苦しさの進行する学校のありようの反省には結びつかないままに過ぎた。

そして「生きる力」や「心」や「体験」の教育の登場である。もしそれらを関係の教育だというのなら、それは「雑草の花壇」をつくるということなのだ。そしてそこは「望ましい雑草」が茂るようにと管理されていくだろう。雑草主任などが置かれたり、雑草花壇の研修が始まるかもしれないと、いじわるが言いたくなる。それはもうすでに雑草ではない。だから、冒頭に紹介した大学生たちの「基礎学力観」にもどれば、それらの意見が「コミュニケーション能力をつけるカリキュラムを」という方向にもし展開するとすれば、それは不毛な計画であり、学校のアスファルト化を進行させることに手を貸す結果となるだけなのである。現在の教育改革は、その誤りを犯している。

「共居」から始まる

そこで、私たちは「関係の教育」つまり雑草花壇をつくる考え方にくみせずに、異なった視点を提示しなければならないと考える。それは本書のなかで佐々木賢が第6章で述べている、「共居」という言葉に集約されている。「共生」はわかるが「共居」とは？といぶかしがられるかもしれない。「共生」に異議を唱えるものではもちろんない。しかしまずは、人が何気なくたっぷりゆっくり一緒にいることから始まる、と私たちは考えるものだ。いま学校が「共居」することのゆとりやすき間やゆるみを失っており、それが最大の問題だと思うからである。まず「共居」する営みがあり、そこに発生しがちな差別を克服しながら生活する。その先に「共生」の思想が生まれ、はじめて実現に向かっていくのである。つまり現在の学校には、共生のための基礎・基本である関係の土壌が消えかかっている。「何でも教育を」の学校的発想を大きく転換しなくてはならないゆえんである。

「共居」は無目的な姿である。管理や統制から離れて、人が一緒に過ごす。「たむろする」という言葉とも縁が深い。現在の学校は、この言葉を嫌う。保健室に子どもたちが集まり過ごしている事態を「たむろする」という言葉で非難し、きちんとした対話をさせるためにカウンセリング・ルームや「心の相談室」という名の花壇をつくってシステム化する。それは子どもの求めるものとズレていく。絶えず競わされ評価を受ける毎日を送っている子どもたちは、そのはざまでなんとか仲間としてつながろうとし、何気なく一緒にいることで安心したいのだ。管理の網の目から時に抜けだして、一人の人間としてのおとなともつきあいたいのだ。

ある中学の養護教諭の女性が、こんな話をしてくれた。彼女はあるとき離婚をしたのだが、それを知った生徒の一人が近寄ってきて、「先生、しあわせ？　大丈夫？」とそっと聞いたという。そこには教師と生徒という役割的なタテ関係をはずした友情が、思わず顔をのぞかせている。おそらくこの生徒は保健室で、おりおりに仲間や養護教諭と「共居」しながらさまざまな問題を考え、対等な仲間意識を培ってきたのだろう。実際の学校生活場面では教師―生徒という役割に規定された関係であっても、その基底に人と人の対等な仲間感覚が存在していさえすれば、学校は「自分たちの居場所」と感じられるところになるのだ。

ただし、くり返すが、そのためにはムダにみえる時間が必要である。「共居」と「効率」は共存できない。効率を追い求めてきた学校にいま求められているのが「共居」の重視であり、そこから立ち上がってくる関係の力である。三十年前までの社会では、空気のようにごくあたりまえのことだったが、いまは生身の人間が「共居」することの意味を、あらためて意識する必要にせまられている。

子どもや若者は、空き地や保健室やコンビニの前などで日々たむろするが、それは自分たちにとって生きていくために必要な関係の力が、たむろするところから発生してくることを知っているからである。そう思って「たむろ」をそれとなく見逃したり、時にはそこに加わるのと、ダラダラしていてけしからんと追い払うのとでは、人間観に大きな違いがある。しかしそれ以上に問題なのは、「関係の教育」や「心の教育」を用意して熱心に取り組んだりすることである。現在の学校やおとな全体の意識は、どうもそちらのほうに向かっている。それは子どもや若者にとって、文字通りありがた迷惑な話で、ことをいっそうもつれさせるのが関の山なのである。

考えてみれば、個人がバラバラにされ流動させられている現在の消費・情報社会のなかで、人が日常的に群れ集まり過ごすところは、いまや学校くらいのものになっている。しかも、一日の長い時間と数年の長い期間を、同じ顔ぶれで過ごすのだ。意識の持ち方によって貴重なところとなる。関係というものは時間のなかで発酵するもの、関係の知はそうしてはじめて得られるものである以上、学校は有利な場である。人のつながりがつくりにくくなり、関係力の衰えが嘆かれる時代にあって、いまこそ学校の出番であるということすらできるだろう。学校が子どもから見限られてしまうことのないうちに、学校のもつ「居場所機能」のかけがえのなさを自覚したい。そして大事なことは、「共居」も教師の仕事のうちと認めることだ。「すき間やゆるみの時間を子どもとのんびり過ごすのも、仕事のうち」というわけである。

年ごとに多忙化の進んでいる学校に対して、何をのんきなことをといわれるかもしれない。しかしいくら忙しくがんばっていても、肝心の子どもたちが学校を見限り、学校から出ていってしまうのでは、元も子もないではないか。不登校の小・中学生は一四万人に達しようとしている。その子どもたちが出ていった先である「フリースペース」などをみれば、そこはあきらかに「共居」を実現している場である。山下英三郎による第5章には、その内実が記されている。子どもとおとなの相互コミュニケーションの伝統は、これまでの学校のなかには少ないが、いま、そのあり方を「居場所」と呼ばれる場をつくっている人々から学ぶことも有益だろう。そこには、おそらくこれからの時代に必要な、子どもとおとなの新しい関係のかたちが生まれているからだ。

◎仲間との暮らしの場に向けて

人は人を求める。小さな赤ん坊も、子どもの声に反応する。子どもはとりわけ、仲間を求める。たぶん、立場が弱いからだ。人のつながりをこそ、大事なものに感じている。まっとうな感覚だ。

この二十年、日本の社会は消費と情報の波に翻弄されている。人はバラバラになり、これまでの関係

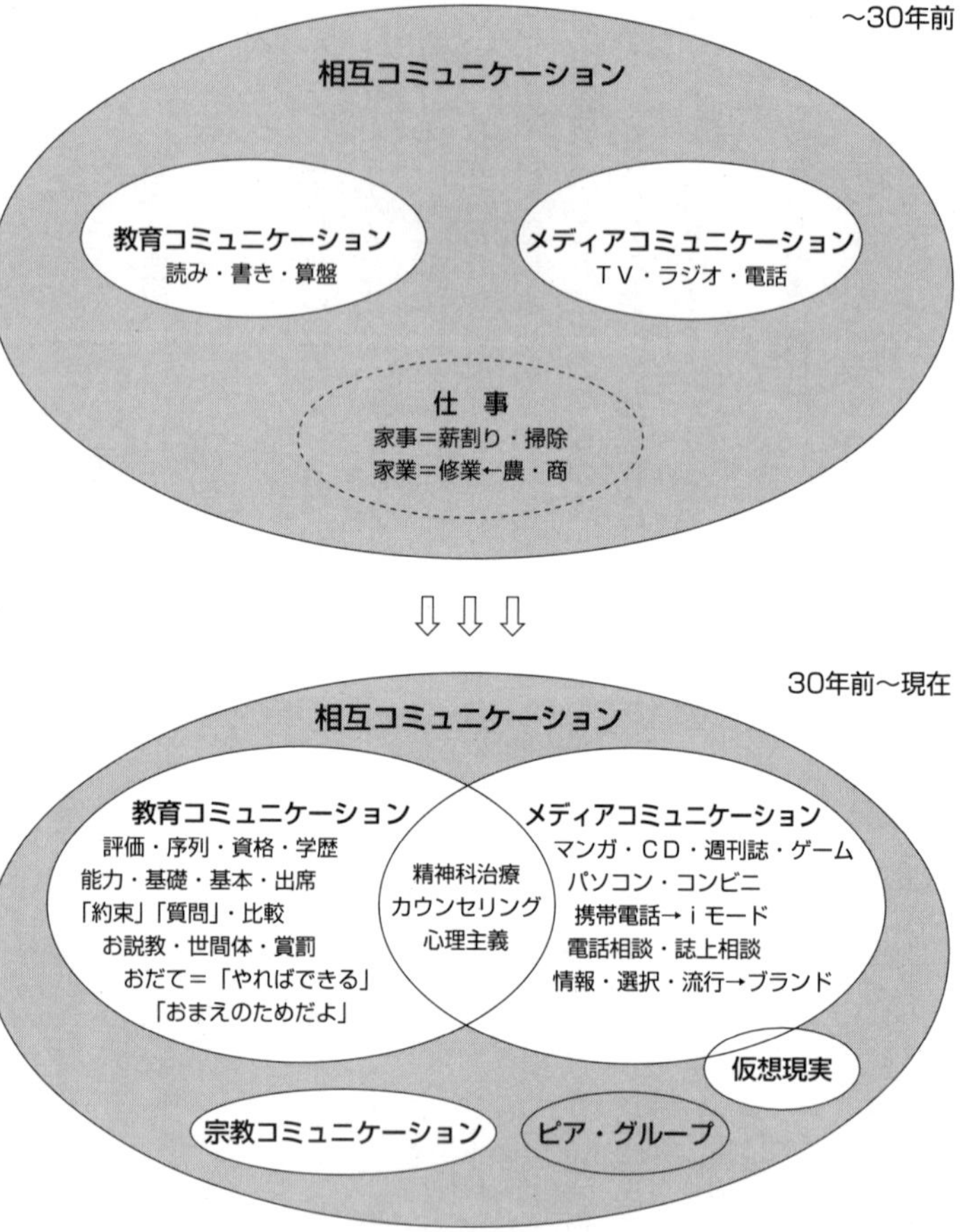
～30年前
相互コミュニケーション
教育コミュニケーション
読み・書き・算盤
メディアコミュニケーション
TV・ラジオ・電話
仕　事
家事＝薪割り・掃除
家業＝修業←農・商
30年前～現在
相互コミュニケーション
教育コミュニケーション
評価・序列・資格・学歴
能力・基礎・基本・出席
「約束」「質問」・比較
お説教・世間体・賞罰
おだて＝「やればできる」
「おまえのためだよ」
精神科治療
カウンセリング
心理主義
メディアコミュニケーション
マンガ・CD・週刊誌・ゲーム
パソコン・コンビニ
携帯電話→ｉモード
電話相談・誌上相談
情報・選択・流行→ブランド
仮想現実
宗教コミュニケーション
ピア・グループ

コミュニケーション関係図（佐々木賢作成）

文化や関係作法が大きく揺らぎ、新しい関係の姿はまだはっきりとは見えない。「お金と電脳システムがあれば、一人でも生きていける」と、自嘲ぎみにいう若い人もある。しかし人が関係を求めつづけていくのは確かであろう。それも、生身の関係を。

おとなは子どもに、次々に何かをさせたがる。「ぼんやりしていないで、何かしなさい」というように。「いま、大事なぼんやりをしているんだよ」と子どもが言えたらいいが、生意気な、とさらに叱られるのがオチだ。そんなわけで学校も家庭も、スケジュールをひたすらこなしていく場になりがちである。しかしその結果、閉め出されていくのが相互・対等なコミュニケーションである。残るのは、「あれをしなさい、それはだめ」といった教育的コミュニケーションや、「あれもこれも買ってください」というメディア・コミュニケーションばかりである。佐々木賢による前ページの図を見てほしい。何気ないがしかし何より大事な相互コミュニケーションが私たちの生活からいかに減り、暮らしが貧困化しているかに気づくだろう。

人が出会いにくくなった社会に、人が集まり過ごす場として学校がある。かつて軍隊をなぞって出発した学校であっても、人が中身を変えていくことができる。子どもと子ども、子どもとおとな、そしておとなどうしが話し合いじっくり相談しながら、ゆっくりたむろしながら、学校という場を使いこなしていく知恵を出し合う時だ。時に大勢で何かを一緒にやる場、長い時間を共有してなじむ自分たちの大切な場、子どもとおとなの対等関係を育てていく場、そして関係について学び考える場。そのことの意義を自覚する時、学校は子どもたちにとって、はじめて「安心な自分たちの居場所」となりはじめるだろう。

あとがき

学校という場で人はどう生きているのか。本書のタイトルとなったこの問いは、少々奇妙に聞こえるかもしれない。しかしあえてこの問いをタイトルに掲げたことについては二つの理由がある。

一つは学校をめぐる内外の現状を、文字通り現状として押さえておきたいということ。世間一般の見方で言えば、学校は、子どもたちが「勉強すべき」場所であり、あるいは「人格形成すべき」場所である。また教師たちにとってそこは子どもたちに「勉強を教えるべき」場所であり、「人格形成を促すべき」場所である。つまり学校はいつも、なにかしら「〜すべき」場所として意識されている。そのためか、反対に学校が現実に子どもたちにとってどういう場所「である」のかが正面から捉えられることは少ない。いや、その「〜である」という現状が問題にされるときでさえ、「〜すべき場所であるのにそれが十分達せられていない」といったかたちに集約されて、結局は議論が「〜すべき」論のなかに閉じられてしまう。この「〜すべき論」を離れて、まずは学校が子どもたちにとって、あるいは教師たちにとってどういう場として「ある」かを押さえておきたかったのである。

そして、この学校がどういう場としてあるのかを、その場をめぐる人々の「生活」の視点から見なおしておきたいというのが、二つめの理由である。人はとかく、人生の意味を問い、人生の目的を求めたがる。しかし意味や目的以前のところで、人はまず「生きてある」。そしてそこから出発する。あたりまえだが、芥川龍之介の小説の河童のように生きていく意味や目的が見えた上で人生をはじめることを選んだわけではないのである。同じように学校もまた、まずは多くの、種々雑多な人々が「生きている」というところから出発するものと考えてみてはどうかというのが、私たちの発想の源である。もとより学校は人為の制度である以上、そこに公的な目的・目標は掲げられている。しかし少なくとも子どもたちはその目的・目標に同意して学校に足を踏み入れたわけではない。同じ場所で「共に生き」（共居）、そこでたがいの思いを「やりとりする」（コミュニケーション）。そこから、すべての人間のいとなみは出発する。学校もまた同じ。この共居とコミュニケーションをキーワードとして学校という場を見つめなおしたとき、そこに学校のもう一つの姿が見えてこないだろうかと考えたのである。

いま学校論がかまびすしく議論されている。本書もまた学校を主題としているが、それまでの学校論に屋上屋を重ねるつもりはない。いや逆に、昨今の学力低下論にみられるような学校論に辟易しながら、むしろこれまでの議論への違和感から本書は出発している。それを単なる違和感としてではなく、もっと積極的な何かとして展開しえたかどうかについては少々こころもとないが、少なくとも一定の視点だけは提示できたのではないかと思っている。

さてさて、そうは言っても私たちの思いは、まだまだ熟してはいない。というより学校を囲む現状が、私たちの思いを越えてさらに厳しいといったほうが正確かもしれない。その熟しきらない思いにこうしてかたちを与える機会をくださった北大路書房、とりわけ編集担当をしてくださった関一明氏にまずは感謝しなければならない。また私たち七人が出会い、こうして一つの本に思いを重ねるきっかけとなる研究の場を提供していただいた国民教育文化総合研究所に、あわせて謝意を表したい。

二〇〇三年三月二七日

七人の執筆者を代表して　浜田　寿美男

執筆者一覧

浜田寿美男　■奈良女子大学■　はじめに、第1章
小沢　牧子　■日本社会臨床学会運営委員■　第2章、おわりに
金澤ますみ　■京阪奈社会福祉専門学校■　第3章
川西　玲子　■社会・生活システム研究室■　第4章
山下英三郎　■日本社会事業大学社会事業研究所■　第5章
佐々木　賢　■元定時制高校教師、日本社会臨床学会運営委員■　第6章、第8章
原内　理恵　■札幌市立小学校教員■　第7章

学校という場で人はどう生きているのか

2003年4月25日　初版第1刷発行
2004年10月20日　初版第2刷発行

定価はカバーに表示してあります

編　者　浜田寿美男
小沢牧子
佐々木賢
発行者　小森公明
発行所　(株) 北大路書房
〒603-8303　京都市北区紫野十二坊町12-8
電　話 (075) 431-0361(代)
F A X (075) 431-9393
振　替 01050-4-2083

印刷／製本　(株)シナノ
検印省略　落丁・乱丁本はお取り替え致します

ISBN 4-7628-2315-5　Printed in Japan